本书作者：孙　琪　王钰祥　孙　靖

孙琪　等◎著

中国跨境电商保税仓物流服务质量研究

THE STUDY ON THE SERVICE QUALITY OF BONDED WAREHOUSE LOGISTICS OF CROSS-BORDER E-COMMERCE IN CHINA

ZHEJIANG UNIVERSITY PRESS
浙江大学出版社

目 录

第一章　绪　论

第一节　研究背景与意义

一、研究背景

海关总署发布数据显示，2017 年我国货物贸易进出口总值 27.79 万亿元，比 2016 年增长 14.2%，扭转了此前连续两年下降的局面。外贸回稳向好的基础不断巩固，发展潜力正逐步释放。伴随着我国人民生活水平和消费能力不断提高，消费者的消费观念和消费行为也在逐渐发生转变，大众对于商品品质的需求不断增强。在追求国外更加丰富的商品品类的同时，国内频繁爆发的奶粉、化妆品等商品的质量问题以及食品安全问题，也使得消费者对国外商品品质更为信任，由此兴起了出境消费、海外代购和海淘热潮。海淘、个人代购在货源、价格、物流、服务等诸多方面存在差异性优势，进而为我国跨境进口零售电商行业发展留出机会。

近年来，我国跨境电商行业呈现出爆发式增长态势。电子商务研究中心（www.100ec.cn）发布的《2017 年度中国电子商务市场数据监测报告》数据显示，2017 年中国跨境电商交易规模为 8.06 万亿元，同比增长 20.3%。其中，中国出口跨境电商交易规模为 6.3 万亿元，同比增长 14.5%。不难看出，中国企业走出去的速度正在加快，质量也在不断提升中。2018 年上半年，我国跨境电商交易规模为 4.5 万亿元，同比增长 25%，成为我国外贸新的增长点。在进出口结构上，2018 上半年中国跨境电商出口占比达到 77.1%，进口比例为 22.9%，跨境电商进口占比正逐步扩大。跨境电子商务作为一种新型国际贸易模式，在我国得到迅速发展。

随着跨境电商零售进口业务的发展，跨境电商保税备货模式的进口业务量不断增大。保税仓库拥有发货快的特点，能缩短物流时间，改善客户体验，且集运模式节约了运输成本，使阳光电子通关渠道的优势得到充分发挥。同时保税仓的物流服务质量也直接影响到了客户购物体验、跨境电商企业的服务质量以及跨境电商保税备货进口模式的发展。对于跨境电商企业来说，对保税仓物流服务质量进行全面理解和科学评价，可以帮助其选择物流服务质量高的保税仓作为合作伙伴，提升客户满意度，增加销售额；对于保税仓自身来说，其可以根据评价结果，对存在的不足有针对性地进行完善，提升自身的物流服务水平；对于跨境电商行业来说，对保税仓的物流服务质量进行评价可以促进跨境电商保税备货进口模式的良性发展。

二、研究的意义

本书的研究意义体现在以下两点。

（一）理论意义

针对物流服务质量的研究一直是物流、电商等相关企业的重点研究项目。一方面，本书在进行保税仓库物流服务质量评价研究的过程中，将保税仓的物流服务与跨境电商平台、第三方物流企业连接起来。另一方面，本书将层次分析法与灰色综合评价法相结合，解决了单纯用灰色综合评价法所存在的指标权重难以确定的复杂性问题。对跨境电商保税仓物流服务质量进行评价研究，在一定程度上可以加深跨境电商企业对保税仓物流服务体系的认识，为服务质量评价与改进的研究提供有益的探索，具有一定的理论意义。

（二）实践意义

本书在分析大量文献的基础上，对相关理论进行梳理整合，设计评价维度和各项指标，最终确定跨境电商保税仓物流服务质量评价指标体系，并构建了基于层次分析法和灰色综合评价法的评价模型。本书以百世物流科技（中国）有限公司（宁波保税区）为实证研究对象，并根据评价结果，结合国内外典型跨境电商企业提高保税仓物流服务质量的经验，有针对性地提出改善保税仓库物流服务质量的对策建议。对跨境电商保税仓物流服务质量进行评价，通过对指标体系的科学验证,可帮助企业明确自身的物流服务质量水平;有利于物流客户对企业的物流服务质量和实际的物流运营能力做出正确判断,降低其决策风险;企业能从客户角度出发,高效地识别各类客户的不同物流需求。为进一步提升客户满意度,保持客户忠诚度,提高物流服务水平而提出改进措施,对促进企业的物流整体运作效率和经济效益的提升具有一定的实践意义。

第二节 国内外研究现状

国内外专家学者对跨境电商保税仓物流服务质量的研究,主要表现在跨境电商、保税物流、物流服务质量评价、综合评价法等四个方面。

一、跨境电商的研究现状

Guy H. Gessner,Coral R. Snodgrass(2015)探讨了跨境电子商务交易的潜力,他们认为加拿大与美国之间的跨境电商市场是世界最有活力的双边商业市场之一。两国联邦政府都有旨在促进跨境业务的项目。作者通过研究跨境业务项目,探讨参与此类项目是否能够真正帮助中小企业克服跨境电子商务交易的障碍。Yu-Hsiang Hsiao,Mu-Chen Chen,Wei-Chien Liao(2016)认为随着跨境电子商务的快速发展,跨境物流服务的重要性和对其的需求也随之增加。由于客户的物流需求日益复杂化,物流市场竞争日益激烈,跨境物流服务供应商必须致力于不断改进和优化服务,以保持其竞争优势。感性工程是一种将满足顾客情感和情感感知的元素设计成为服务和产品的方法,在此次研究中作者采用了感性工程方法来推导跨境物流服务的发展。Youxie Chen,Maner Wang,Yuang Xu(2018)认为跨国电子商务平台在对外贸易中发挥着重要的作用。作者以ABL电子商务公司为案例,分析其宏观环境、现状和发展瓶颈。通过研究得出,环境因素促进了跨境电子商务的发展,但存在跨平台运营模式单一、创新不足等问题。为了在激烈的竞争中生存,新成立的ABL公司必须制定新的战略规划,开展品牌营销。Jian Rong, Daojun Zhong(2018)认为顾客满意度的高低决定着中国企业开拓海外市场、提升国际品牌形象能力的强弱。跨境电子商务的客户满意度指标体系应遵循客观、全面、动态的原则。作者在问卷调查和文献分析的基础上,给出了跨境电子商务顾客满意度的指标体系,包括四个一级指标和 12 个二级指标,并计算了各指标的权重。

王喜荣,余稳策(2018)在借鉴国内外文献的基础上,从推动力和拉动力两个维度分析跨境电商和对外贸易增长之间的内在作用机理,选取跨境电商交易规模和进出口贸易总额两个指标,采集相关数据对两者关系进行 VAR (Vector Auto Regression)检验。结果显示,跨境电商发展与传统外贸增长之间具有双向因果关系。最后,文章针对性地提出完善中国跨境电商发展的建议,期望能为今后有效促进中国跨境电商和对外贸易良性发展提供理论参考。何江,钱慧敏(2017)对跨境电商与跨境物流协同现有研究成果进行总结,提出跨境电商与跨境物流协同机理,分析二者协同现状与困境。在此基础上,从健全政府支撑服务体系、完善利益互信协同机制、优化跨境电商与逆向物流协同、推动跨境电商与传统外贸协同以及促成各子系统、多方主体协同等方面提出协同策略建议。张夏恒(2017)基于电子商务企业相关分析文献,结合跨境电子商务特征,按照交易主体属性、平台经营商品品类、商品流动方向,提出了跨境电商类型的三种分类方式:第一种是 B2B 跨境电商、B2C 跨境电商、C2C 跨境电商;第二种是垂直型跨境电商与综合型跨境电商;第三种是跨境进口电商与跨境出口电商。而根据经营商品数量因素,又可将垂直型跨境电商与综合型跨境电商细分为综合平台型、综合自营型、垂直平台型、垂直自营型四类。朱启松,朱慧婷(2016)对跨境电商发展的行业环境、社会环境及政策环境进行了相关综述,并对跨境电商在未来将面临的挑战和机遇进行了预测,提出了一些值得深思的问题。陈朱妮娜,吴莉(2015)认为跨境电商发展潜力巨大,凭借"互联网+"的大趋势,加强信息化建设,可以促进贸易的增长。叶纯青(2014)等人认为跨境电商必将作为电商行业的一匹"黑马",成为国际贸易的主要力量之一。但其发展也会受外部环境的制约,如物流,电子支付环境,客户与商家的诚信问题等。潘意志(2015)认为海外仓是跨境电商物流模式的一项重大突破,可以降本、增效、提高顾客体验。庞燕(2015)认为跨境电商的发展给保税区物流带来了机遇和挑战,与此同时,保税区物流的适应能力也会成为跨境电商发展的瓶颈。为此,可以建立保税区物流服务能力评估体系,加强保税区物流服务的监管和协调管理，提升保税区物流的服务能力。王明宇，廖蓁(2014)对跨境电商的运营模式进行了统计，从跨境电商的客户群体差异、电子支付环境和物流运作模式方面分析了跨境电商发展遇到的问题，并提出了相应的对策：加强第三方支付平台的监管，完善相关法律法规，建立海外仓，规模化运输，加强信息化建设等。李金龙(2015)指出跨境电商保税物流平台的建设有利于促进跨境电商零售进口的发展，具体措施有：促进传统商品市场的转型升级、陆港海港建设、政府政策鼓励引导、提升报关通关效率、解决退税结算困难、加强信息化平台建设、加强对金融平台和诚信体系的建设等。张夏恒，马天山(2015)指出中国跨境电商具有多边化、直接化、小批量、高频次、订单周期短、货品种类杂等特征，因此，跨境电商物流具有成本高，配送周期长，存在政治文化风险、海关风险、汇率风险，退换货困难等问题，并指明海外仓建设是解决这些问题的有效举措。陈长英(2015)通过调查众多跨境电商企业，指出跨境电商企业迫切需要具备外贸、电商平台操作和国际市场营销等综合素质的综合性人才。

以上研究表明，目前对于跨境电商的研究主要集中在跨境电商的发展环境、跨境电商的发展趋势、跨境电商的分类、跨境电商发展存在的问题及相应的解决对策、经营模式和行业经济等领域，对于跨境电商物流的研究也仅限于对其物流模式的研究。

二、保税物流的研究现状

Chow，Bee Lin(2011)认为生产商可在保税仓库储存产品。一旦产品销售，生产者必须支付进口税。Anonymous(2008)认为 Cadence 仓库管理软件卓越的性能为第三方物流、履行和分销操作(如保税物流)提供了先进的线上管理平台支持。

杨娟(2018)认为在所有跨境电商物流解决方案中，由于保税备货模式具有快捷方便、物流速度快、商品流通成本较低、商品质量在一定程度上可得到保证等优势，其在阿里巴巴、京东、唯品会等国内跨境电商企业中得到了广泛应用。针对当前我国跨境电商保税备货模式发展中存在的问题，作者提出了具体的完善途径，以期为跨境电商保税模式的升级提供参考借鉴。蔡尚馨，陈蓉(2017)认为跨境进口保税备货模式在缩短物流时间的同时,也能降低成本,并在一定程度上保障产品质量。但跨境进口保税备货模式仍然面临物品种类较单一、受税收政策冲击较大和缺乏有效监管等挑战。针对这些问题,作者分别从电商企业和政府两个层面提出相应的解决对策。电商企业层面应不断创新经营模式,优化用户服务,建立联合物流体系;政府层面应加快立法进程,加强硬件设施建设,强化合作机制,创新检验监管方式,从而推动跨境进口保税备货模式进一步完善。刘奇超,施正文,杨左涛,郭颖超(2017)认为保税制度是关税法立法的重点和难点问题。他们指出我国关税法立法应设置"关税减免与特别征收措施"章节规定保税制度,明确保税概念,科学设置各类海关特殊监管区适用的关税政策,确定加工贸易、无代价抵偿制度,引入免税商店条款,增加选择性征税制度等。

郝延威(2016)介绍了跨境电子商务及我国跨境电商运营模式及物流困境,提出建立海外仓和国内保税仓来解决跨境电商的物流困境,从而有效促进跨境电商市场及我国物流业的健康发展。王伟(2015)介绍了可行性研究的作用、主要内容以及实施步骤;针对东南亚报税仓库建设项目进行市场分析,从全球移动市场展望、东南亚市场概述、E公司在东南亚市场竞争现状、E公司东南亚供应链模式及存在问题等方面逐步阐述了项目的市场背景,说明项目的市场可行性;通过对仓库的选址方案、项目库存产品分析、项目库存模型等方面的阐述分析了项目的技术可行性;分别对项目建成前与建成后E公司在该地区的财务数据进行对比,从项目的利润、现金流量表、静态效率、动态效益等财务角度进行分析,来论证项目的经济可行性;从项目风险识别、项目风险的应对措施等风险管理方面来说明了项目的风险可控性;最后总结了项目在各个主要方面所具有的充分可行性。孙浩,蒋心雨,张奇(2014)认为保税物流有利于降低贸易成本,扩大航运规模,密切境内外金融交流,是上海国际金融中心、航运中心和贸易中心建设的突破点和强劲动力。他们认为上海的保税物流业务已经具备一定的优势,但发展中仍存在着一些制约因素。最后通过分析研究,从改革海关监管、加强区港联动、保税物流系统敏捷化、物流金融和自由港等方面,提出了上海保税物流进一步发展的相关建议。吴理门,陶君成(2013)介绍了保税物流业态的概念及其基本特征,比较了不同保税物流业态的功能,分析了经济发展推动下的保税物流业态演进路径，指出了保税物流对产业发展与经济结构改善的推动作用。他们提出在政府主导下，以全球视野和集约经营思路，扩大物流增值服务的领域和规模，解决保税物流经济发展的路径问题。

上述研究表明，学者们认为保税备货模式在物流成本、物流时间、商品质量保证等方面存在较大优势，但同时在发展过程中也面临着一些困境，这需要企业和政府通力合作，共同改善保税备货模式发展环境。

三、物流服务质量评价的研究现状

一般情况下，物流服务质量指的就是传统（实体）物流服务质量。David W. C. 等（2014）提出一个绩效评估系统（PMS）架构来评估直接与间接跨境供应链模式。PMS 包括直接和间接模型性能评估中的成本、时间、质量和灵活性四项指标。此外，他们在珠三角地区，包括广州、深圳等地进行了第三方物流（3PL）企业绩效的调查。他们所提出的 PMS 框架使得 3PL 能够在四个主要性能测量类别中精确地确定其当前操作策略的弱点和优点。Feng Y. X.，Zheng B.，Tan J. R.（2007）认为物流服务质量（LSQ）对收入和赢利能力有显著影响。文章从顾客的角度提出问题，并通过深入访谈和德尔菲法探讨了基于网上购物的 LSQ 的初始因素。通过实证研究，确定了具有中国特色的六个 LSQ 维度，包括及时性质量、个人接触质量、订单质量、订单差异处理、订单条件和便利性。通过对调查结果进行分析，检验 LSQ 评价模型的信度和效度。Rao（2011）等指出，在电子商务环境下，影响顾客满意度和忠诚度的两个重要因素是物流质量和物流成本。John T. Mentzer（2001）主张把服务质量差模型和实际物流服务能力结合起来，建立一个物流服务质量指标体系，概括出九大指标，包括人员沟通质量、订单释放数量、信息质量、订购过程、货品精确率、货品完好程度、货品质量、误差处理、时间性，由此建立的物流服务质量评价模型 LSQ 较为成熟完善，被广泛采用。

毕小青，张东（2018）在 SERVQUAL［英文“Service Quality”（服务质量）的缩写］原始量表的基础上，结合消费者网络购物习惯以及冷链物流服务特征，初步设计了由 35 个指标组成的冷链物流质量评价体系。并以此为基础，对收集到的 318 份问卷的数据进行信度、效度等的分析处理，建立了电子商务环境下的冷链物流质量评价模型。肖和英(2018)在对第三方物流服务质量评价的相关研究进行综述的基础上,结合第三方物流企业的特征,建立了基于过程化的第三方物流企业服务质量评价指标体系,该指标体系共包括核心能力、解决方案、实施能力与成本四个一级评价指标,13 个二级评价指标,并以湖北省武汉市的一家 A 级以上第三方物流企业 WSD 为例,运用该指标体系对其服务质量进行了评价。仇立(2017)通过对物流服务质量内涵进行系统分析及深入研究,将 B2C 模式下影响消费者感知物流配送服务质量前置限定因素归结为客户化定制服务质量、回应质量、支付质量及服务失误补救质量,构建了科学、系统的基础性研究框架及规范,并运用层次分析及模糊综合评价法以京东商城为调研对象进行实证分析,研究结论显示该评价体系具有较强的合理性及可操作性。许原(2010)综合国内外专家对物流服务质量评价的理论研究成果并结合我国物流企业服务实际情况,提出我国在进行物流服务质量评价时应针对运输、仓储、平台等不同类别的物流企业建立相应的评价指标这一观点。赵妮(2012)对 A. Parasuranman 的服务质量理论、Perrault 的 7R 理论、Lalonde 的物流服务营销理论进行了综述,从可靠性、响应性、感知性、移情性和保证性五个维度入手建立了物流服务质量的评价指标体系,并运用层次分析法来确定指标权重。管丁杰(2015)对电商物流服务质量的测量方案进行了完善和改进,综合国内外学者的研究和我国电商顾客的消费要求,归纳出电商物流服务质量的五个评价指标维度:及时性、可靠性、安全性、方便性以及反馈性。刘明菲,杨勋等(2006)指出当客户对物流服务的感知程度大于期望程度时,物流服务质量被认为是合格的,并针对这一研究结论对物流服务质量的内涵进行了自我界定,提出了新的物流服务质量评价标准。李毅斌,董千里等(2012)对物流企业的物流服务质量和工商企业的物流服务质量进行了分析研究,并指出应把服务纳入供应链管理中。南建飞,刘志刚(2013)认为目前物流企业之间的竞争已经从价格的竞争、企业规模的竞争转移到了服务质量的竞争,提出了从以下三个方面建立物流服务质量的评价指标:服务的结果、过程和能力。黄斐,王佳(2011)对网络购物的物流服务质量评价进行了分析和实证研究,认为电商物流服务质量评价应该从商品包装、人员沟通和异常处理三个环节入手。

上述研究表明，大部分国内外学者对物流服务质量的研究都集中在传统物流企业方面。但是随着互联网的兴起和电子商务的发展，越来越多的学者开始对新环境下的物流服务质量进行研究，主要集中在电子商务和供应链等方面。

四、综合评价法的相关理论研究

目前各学者对评价类的研究主要集中在评价方法和评价指标两个方面。Saleh Fahed Alkhatib，Robert Darlington，Trung Thanh Nguyen(2015)通过考察旧的评估/选择标准和方法是否仍然符合当前的业务优先级，为外包决策提供见解，从而确定合适的标准和方法来开发新的选择。作者在分析了2008—2013年期间与物流服务提供商(LSP)评估和选择方法和标准有关的56篇文章之后编写了重点文献综述，在对学术论文进行分析的基础上，重点研究评估及选择方法和评价及选择标准，然后将结果与先前的文献研究(1991—2008年)进行比较，以确定任何可能的变化。在明确了物流文献中具体选择方法、集成模型和模糊逻辑的重要性后，开发了一个综合性的LSP评价和选择框架。Štefan Kudláč，Vladimíra Štefancová，Jozef Majerčák(2017)为了全面评估物流运营商、货运代理商、承运人和其他参与实施供应链的实体因客户需求而面临的潜在制约因素，对物流链进行深入分析，然后进行所有相关约束条件的识别和评估。文章基于日利纳(Žilina)大学铁路运输系的研究成果，采用多准则分析方法来评价这些约束条件。Charles(1995)提出了非固定合作形式的供应商选择问题，首次结合数据包洛法(DEA，Date Envelopment Analysis)和多目标规划方法来解决供应商选择问题。

常松涛，罗晓利，田磊(2018)根据目前民用飞机驾驶舱综合评价方法研究的一些问题，以文献研究的方式，对民用飞机驾驶舱综合评价方法做了述评。在熟悉驾驶舱评价标准和构建驾驶舱评价剖面以提取评价要求的基础上，建立了驾驶舱的人因学评价框架。张文秀，王林(2018)为充分考虑配电网评价指标数据的随机性和模糊性，使配电网规划人员能够更加准确地评价和规划配电网，研究了配电网综合评价方法和权重计算方法，提出一种基于组合赋权法和云模型的配电网综合评价方法。文章构建了配电网综合评价指标体系，利用主、客观权重相结合的组合赋权法计算各指标的常权重，在此基础上引入变权理论对常权重进行修正，提高精确度，利用云模型对配电网进行综合评价。最后以实际配电网为算例，验证了该方法的合理性和可行性。岳辉等人(2005)运用模糊综合评价法建立了第三方物流企业的逆向物流评价指标体系。梁富山(2013)把层次分析法和熵权法结合起来使用，主要针对税收方面进行了研究。李红，朱建平(2012)对综合评价法的研究进行了评述，详细介绍了各类综合评价法的原理和优缺点，以及需要改进的地方，对于评价指标的权重确定问题也有自己的看法。陈伟，王忠(2013)运用多种综合评价方法对临床医学的医疗质量进行评价，对综合评价方法在医学上的运用进行验证，为医疗行业和其他医疗单位医疗质量评价研究提供借鉴。费良军(2015)等人运用博弈理论来确定评价指标的权重问题，并确定了其具有实用价值。田宇(2004)从顾客体验角度对物流服务质量模型应用及改进进行了相关理论研究。李凤廷(2007)通过服务质量差模型的构建和卡诺模型对物流服务质量的影响因素进行了分析。李爱国等(2007)对国外 INDSERV(Industry Service，工业企业服务)量表在国内的适用性进行了研究和考证，从硬的过程质量、软的过程质量、潜在质量和结果质量四个维度，延伸出 16 个二级指标，并建立了第三方物流企业服务质量评价指标体系。季丹，郭政(2009)采用层次分析法和模糊综合评价法对物流园区选址问题进行了研究，这一做法对物流企业的评价类研究具有推广价值。梅虎，林玲霞等(2015)通过比较电商物流服务质量与传统物流服务质量的影响因素，设计了电商物流服务质量的评价指标，并从科学技术方面提出了提升物流服务质量的策略。李晓萍，刘美璐等(2014)从企业设备和顾客感知的角度出发，运用模糊综合评价法对第三方物流企业的物流服务质量进行了有效评价，为物流企业自我评价提供了相关理论和实践借鉴。

综上所述，对物流服务质量的评价研究在国内外颇为少见，国外很少有对物流服务质量的独创性评价，更多的还是借鉴服务质量方面的研究。我国也有很多学者进行物流服务质量评价研究，但是由于我国物流行业起步较晚，对于物流服务质量评价的研究基本上还处于消化吸收阶段，虽然有一些针对性的研究，但依然具有很大的提升空间。

第三节 研究内容及方法

一、研究内容

本书是对跨境电子商务保税仓的相关理论以及现代综合评价方法的研究现状进行综述，全方位描述我国跨境电子商务现状，对跨境电子商务物流模式和保税仓库的地位、作用及经营定位进行分析，找出影响跨境电子商务保税仓库物流服务质量的因素，并建立跨境电商保税仓物流服务质量评价指标体系，采用层次分析法对各项评价指标进行权重量化，并用灰色关联度分析对评价指标进行评价，根据评价结果找到影响保税仓物流服务质量的负面因素，并借鉴国内外典型经验对这些负面因素提出针对性的对策建议，提升自身物流服务水平，促进跨境电商保税进口模式的良性发展。

本书的研究内容主要分为以下七个部分，具体的研究结构如图 1.1 所示。

第一章 绪论。内容包括：研究背景与研究意义；国内外研究现状，介绍了国内外关于跨境电子商务、保税物流、物流服务质量评价、综合评价法的研究现状，并做了相关评述；研究内容及方法。

第二章 跨境电商保税仓物流服务质量概述。内容包括：跨境电子商务、保税仓物流、跨境电商保税仓物流服务质量等概述。

第三章 跨境电商保税仓物流服务质量基本理论。内容包括：跨境电商相关理论，主要包括交易成本理论、长尾理论、比较优势理论等；保税仓物流相关理论，主要包括供应链管理理论、库存控制理论等；服务质量相关理论，主要包括顾客感知服务质量理论、服务营销理论、全面质量管理相关理论等。

第四章 跨境电商保税仓物流服务发展现状及存在的问题。内容包括：跨境电商的发展现状及特点；从业务现状和发展特点两方面对跨境电商保税仓物流服务发展现状进行描述；从宏观和微观层面描述了跨境电商保税仓物流服务存在的问题，宏观方面包括税收政策、物流服务责任主体、物流信息管理系统等方面，微观方面包括员工素质、组织管理、设施设备、信息技术、流程设计等方面。

第五章 跨境电商保税仓物流服务质量评价指标体系的构建与实证分析。内容包括：跨境电商保税仓物流服务质量评价指标体系的构建，主要包括指标体系的设计、基于灰色关联度分析的跨境电商保税仓物流服务质量评价；百世物流科技（中国）有限公司实证分析，主要包括百世物流科技（中国）有限公司现状评述、基于灰色关联度分析的物流服务质量评价案例、评价结果的分析及根据存在的不足提出相应的解决对策。

第六章 国内外跨境电商保税仓物流服务典型案例。内容包括：国外跨境电商保税仓物流服务案例，主要包括亚马逊、麦乐购等；国内跨境电商保税仓物流服务案例，主要包括网易考拉、京东、执御、环球易购等。

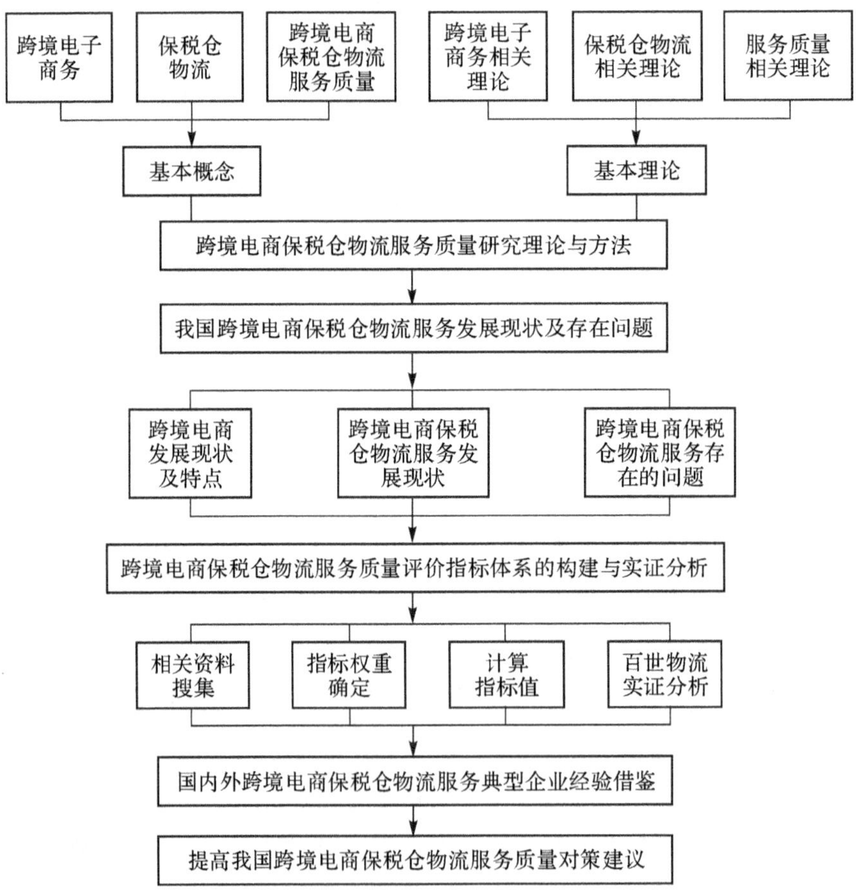

图 1.1 研究结构

第七章 提高跨境电商保税仓物流服务质量对策建议。从政府宏观和企业微观两方面进行建议。政府宏观方面包括：建立良好发展环境、完善支撑服务体系等；企业微观方面包括：观念转变、全过程物流服务、提供个性化方案、完善物流管理制度、引入现代信息技术、降低物流服务成本和加强人员培训等。

二、研究方法

跨境电商保税仓物流服务质量评价方面：本书采用文献研究法和调查法构建跨境电商保税仓的物流服务质量评价指标体系；用层次分析法确定指标权重；采用灰色关联度分析法对中国百世科技物流有限公司的物流服务质量进行评价研究。

跨境电商保税仓物流服务质量提升研究方面：利用比较法，通过对评价结果的分析，借鉴国内外典型经验，探索跨境电商保税仓物流服务质量提升的内在规律；利用实证研究和理论推演的结果，并运用专家意见法、排除法等论证跨境电商保税仓物流服务质量提升的对策建议。

三、研究重点

1.构建跨境电商保税仓物流服务质量的理论分析框架。跨境电商保税仓物流服务质量研究主要涉及跨境电商、保税仓物流、服务质量等相关理论的研究。本书理论分析框架将纵向分析与横向分析相结合，沿着时间序列，将相关理论的缘起、发展、成熟及展望归类整理，并将相关理论的国内外研究现状进行分析、归纳与整理。

2.对我国跨境电商保税仓物流服务发展现状和问题进行有效分析。本书从我国跨境电子商务的行业发展现状、政策支持现状与发展环境，跨境电商保税仓业务现状等方面对保税仓物流服务发展进行分析；从宏观层面和微观层面对保税仓物流服务存在的问题进行分析。

3.跨境电商保税仓物流服务质量评价指标体系构建。影响跨境电商保税仓物流服务质量的因素很多，而且各因素之间也存在相互作用的关系，各因素对保税仓物流服务的影响程度也不同。因此，只有在全面科学地分析影响跨境电商保税仓物流服务质量因素的基础上构建的评价指标体系才有意义。

4. 提出提高跨境电商保税仓物流服务质量的建议。本书将指标体系应用到实际案例中，实证分析影响百世物流科技（中国）有限公司物流服务质量的因素，确定其评价指标的权重，找出影响其物流服务质量的障碍指标，针对性地提出改善其物流服务质量的建议。

四、研究创新点

1. 目前围绕跨境电商物流模式的分析或者跨境电商第三方物流的评价选择研究比较多，比较少有对保税仓的物流服务质量进行评价的。本书研究首先通过分析跨境电商保税仓物流的发展现状和存在的问题，找到影响其服务质量的各项因素，然后建立科学有效的评价指标体系，最后使用现代综合评价方法对其进行评价，根据评价结果找到影响跨境电商保税仓物流服务质量的障碍指标，并有针对性地提出相关对策。

2. 影响跨境电商保税仓物流服务质量的因素具有动态性、复杂性的特点，伴随着我国改革开放的不断深入，我国跨境电商的发展环境在多种因素的影响下呈现出不同特征。分析这些处于不同发展阶段的特征，为我们在新环境下明确跨境电商保税仓发展方向提供了经验和启示。

第二章　跨境电商保税仓物流服务质量概述

第一节　跨境电子商务概述

一、跨境电子商务的定义

(一)概念

跨境电子商务是指分属不同关境的交易主体，通过电子商务平台达成交易、进行支付结算，并通过跨境物流送达商品、完成交易的一种国际商业活动。跨境电子商务有广义和狭义之分。

从广义上看，跨境电子商务基本等同于外贸电商，是指分属不同关境的交易主体，通过电子商务的手段将传统进出口贸易中的展示、洽谈和成交环节电子化，并通过跨境物流送达商品、完成交易的一种国际商业活动。从更广意义上看，跨境电商指电子商务在进出口贸易中的应用，是传统国际贸易商务流程的电子化、数字化和网络化。它涉及许多方面的活动，包括货物的电子贸易、在线数据传递、电子资金划拨、电子货运单证等内容。

从狭义上看，跨境电子商务实际上基本等同于跨境零售。跨境零售指的是分属于不同关境的交易主体，借助计算机网络达成交易、进行支付结算，并采用快件、小包等行邮的方式通过跨境物流将商品送达消费者手中的交易过程。跨境电商在国际上流行的说法叫 Cross-Border Electronic Commerce，其实指的都是跨境零售。

跨境电子商务作为推动经济一体化、贸易全球化的技术基础，具有非常重要的战略意义。跨境电子商务不仅冲破了国家间的障碍,使国际贸易走向无国界贸易,同时它也正在引起世界经济贸易的巨大变革。对企业来说,跨境电子商务构建的开放、多维、立体的多边经贸合作模式,极大地拓宽了企业进入国际市场的路径,大大促进了多边资源的优化配置与企业间的互利共赢;对于消费者来说,跨境电子商务使他们非常容易地获取其他国家的信息并买到物美价廉的商品。

(二)中国跨境电子商务发展的四个阶段

中国跨境电子商务的发展时间不过20余年。从1989年中国开始建设互联网,至1993年国务院提出“金关工程”计划,由此我国跨境电子商务开始进入发展的萌芽期。在此期间,我国先后搭建起的中国电子口岸、对外贸易经济合作部网站、中国国际电子商务中心等一批网站,为跨境电子商务发展奠定了坚实基础。

1. 第一阶段:春风拂面

从1994年中国正式接入国际互联网,到20世纪初,一批企业逐渐在互联网上搭建企业门户,网络黄页逐渐代替传统纸质黄页,尤其如阿里巴巴、慧聪网等跨境电商B2B信息平台开始崭露头角,标志着中国跨境电子商务步入发展正轨,而网络黄页的模式也被比喻为跨境电子商务的第一阶段。在这一阶段,平台服务商大多为中小外贸企业提供对外营销的窗口,尚且不具备在线交易的功能。

2. 第二阶段:向阳而生

2004年,我国跨境电子商务进入第二阶段,跨境电商平台逐渐摆脱信息黄页的模式,通过将线下交易、支付、物流等流程电子化,实现在线交易。敦煌网可视为这一时期的代表,此外如eBay、亚马逊等国际零售巨头也是在这一时期,通过收购的方式加码布局中国市场。而在2008年随着全球金融风暴到来,传统外贸企业都在寻找增加进出口值的出路,中国跨境电子商务更是迎来了发展的“黄金时代”。

3. 第三阶段:踏浪而行

2010年,我国跨境电子商务步入第三阶段。从跨境电子商务企业的行为来看,各跨境电商平台不断加大力度扩展产业链条,着力打造综合服务平台。

如阿里巴巴在此时期宣布收购深圳一达通，形成了从“找外贸”到“做外贸”的一站式服务链条；2013年跨境贸易电子商务配套服务企业跨境通成立，也是以提供融资、运输、保险、仓储等一体化全方位的外贸服务为主要业务。

4. 第四阶段：日新月异

从2014年至今，中国跨境电子商务进入第四阶段，也就是人们常说的“跨境进口时代”。随着天猫、京东、网易考拉和唯品会等各类跨境进口电商平台的茁壮成长，跨境电商行业开始进入高速发展期，竞争方式也变得多样化。消费者跨境网购的需求越来越旺盛，各类跨境模式平台纷纷出现，越来越多的消费者选择在跨境进口电商平台购买海外产品。跨境进口电商平台满足了消费者的消费需求，跨境网购也日益走向常态化。

（三）跨境电子商务的特征

跨境电子商务是基于网络发展起来的，网络空间独特的价值标准和行为模式深刻地影响着跨境电子商务，使其不同于传统的交易方式而呈现出自己的特征。

1. 全球化(Globalization)

跨境电子商务具有全球性和非中心化的特性。互联网用户不需要考虑跨越国界就可以把产品尤其是高附加值产品和服务提交到市场。跨境电子商务提供的服务范围必然体现全球化特征诉求，包括海外收货、海外清关、国际运输、保税转关、保税仓储、分拣打包、国内清关、国内配送等。任何人只要具备一定的技术手段，在任何时候、任何地方都可以让信息进入网络，相互联系进行交易。

2. 无形化(Intangible)

跨境电子商务是数字化传输活动的一种特殊形式，其无形化的特性使得税务机关很难控制和检查销售商的交易活动，税务机关面对的交易记录都是以数据代码的形式呈现的，使得税务核查员无法准确地计算销售所得和利润所得，从而给税收带来困难。为了解决保税区内商品监管的问题，海关方面做出了保障措施，例如海关要求商品进入保税区前要进行理货报关，商品出库同样要进行填单申报(盘库操作)，期间海关也会进行盘库操作，如果实际盘库库存及系统库存不符，必然要接受相应处罚。

数字化产品和服务基于数字传输活动的特性也必然具有无形性，传统交易以实物交易为主，而在跨境电子商务中，无形产品却可以替代实物成为交易的对象。以书籍为例，传统的纸质书籍，其排版、印刷、销售和购买被看作是产品的生产、销售。然而在电子商务交易中，消费者只要购买网上的数据版权便可以使用书中的知识和信息。

3. 即时化(Instantaneously)

传统交易模式中的信息交流方式，如信函、电报、传真等，在信息的发送与接收间，存在着长短不等的时间差。而跨境电子商务中的信息交流，无论实际距离远近，一方发送信息与另一方接收信息几乎是同时的。某些数字化产品(如音像制品、软件等)的交易，还可以即时结清，订货、付款、交货都可以在瞬间完成。电子商务交易的即时化特征提高了人们交往和交易的效率，免去了传统交易中的中介环节。

4. 无纸化(Paperless)

在跨境电子商务中，电子计算机通信记录取代了一系列的纸面交易文件。由于电子信息以比特(BIT)的形式存在和传送，整个信息发送和接收过程实现了无纸化。跨境电商各类操作基本上都是通过互联网操作完成的，形成了一个强大的网，包含了各个主体及各个主体间的相互关系，提高了对服务水平的要求。无纸化使信息传递摆脱了纸张的限制，但由于传统法律的许多规范是以规范“有纸交易”为出发点的，因此，无纸化也会在一定程度上带来法律上的混乱。

5. 匿名化(Anonymous)

因为跨境电子商务的非中心化和全球性的特性，所以很难识别跨境电子商务用户的身份和其所处的地理位置。在线交易的消费者往往不会显示自己的真实身份和实际地理位置，重要的是这丝毫不影响交易的进行，网络的匿名性也允许消费者这样做。在虚拟社会里，隐匿身份的便利会导致自由与责任的不对称。

(四)跨境电子商务运作模式

目前跨境电子商务运作模式主要有六种：B2C 零售出口模式、B2B 一般出口模式、B2B2C 保税出口模式、B2C 直购进口模式、B2B2C 一般进口模式、

B2B2C 保税进口模式。

1. B2C 零售出口模式

B2C 模式的买家主要是国外的个人消费者，卖方主要是国内的贸易商或个体商店，还有一些厂商等。卖方通过 B2C 平台销售产品给海外消费者，平台提供信息展示和交易流程体现。B2C 模式能跳过中间的批发商和零售商，直接销售产品给海外消费者，具有支付、交易和交货快的特点。但该模式客户服务缺乏互动性与个性化，网上购物也缺乏体验感，且往往以个人物品、邮包、快递形式入境通关，存在贸易政策风险。

2. B2B 一般出口模式

B2B 一般出口模式是大宗货物交易的常见类型，国外的贸易商利用电子商务平台发布一般商品的批发和交易信息，境内外的买卖双方可以在该商务平台上完成商品的交易流程。很多跨境电商出口业务却不能办理正当结汇或无法享受退税优惠政策的主要原因是缺乏正规的出口通道，没有正规办理出口报关单。这种情况严重影响了跨境电子商务出口的发展，同时让企业面临法律和其他风险。

3. B2B2C 保税出口模式

该模式通过保税平台和海外仓库，针对特定的销量比较好的产品向国外的消费者宣传并在网上营销，特点是整进、散出和汇总申报。保税出口模式利用的是保税区海关特殊监管区域的优势，商家将商品批量备货至海关监管下的保税仓库，消费者下单后，电商企业根据订单为每件商品办理海关通关手续，在保税仓库完成贴面单和打包，经海关查验放行后，由电商企业委托物流配送至消费者手中。B2B2C 保税出口模式提前批量备货至保税仓库，降低国际物流成本，有订单后可立即从保税仓发货，通关效率高，并可及时响应售后服务需求，用户体验好。

4. B2C 直购进口模式

B2C 直购进口模式是指消费者通过互联网直接和国外卖家进行交易，通过跨境电子商务综合服务平台来完成订购、选择、咨询、支付等交易环节。国外卖家在完成网上交易后，通过邮包或快件的运输方式把商品运输入境。在此过程中平台负责把交易的订单信息、支付信息、运单信息三单信息实时传输给海关，海关将根据三单信息，通过跨境电子商务专门监管通道实现快速通关，并按照个人邮寄物品的税率标准征税。B2C 直接进口模式比传统“海淘”的通关更加方便，商品的质量和服务也更有保证。

5. B2B2C 一般进口模式

B2B2C 一般进口模式为所有的消费者提供了新的电子交易规则，颠覆了传统的跨境电子商务模式，将企业与单个客户的不同需求完全整合在一个平台上。该模式将企业进口的日常用品，再次推广销售给消费者，该模式下商品实行整批进口，按照一般贸易缴纳关税，支付方式与传统一般贸易进口无异。B2B2C 模式正适应了跨境电子商务发展的新环境，使企业经营者巧妙避开了由于商品积压、配送、物流体系建立不完善而产生的风险。

6. B2B2C 保税进口模式

B2B2C 保税进口模式主要利用保税监管区对国内的消费者销售热门的产品，将保税区域内的产品通过网络平台推销给国内的消费者，也被称为备货进口模式。保税进口模式在通关物流方面具有优势，可以将国内热销海外的商品整批运进国内保税区，由商家承担保税区内的仓储费用，海关全程监管保税区内商品。消费者在网上下单时，直接将货物从保税区发出，在保税区实现报关，经过国家检验等监管部门快速通关，再利用国内物流快递给消费者。相较于海淘和直购进口模式，保税进口模式下的电商商品价格更实惠、配送更迅速；同时也便于检验检疫监管使质量更有保障，可提供退换货等完备的售后服务，大大改善了消费者的体验感受。

二、跨境电商与传统跨境贸易的区别

跨境贸易可以从广义和狭义两个方面来理解。狭义的跨境贸易是国与国之间进行的商品和劳务交换。对贸易当事国来说是对外贸易。而广义的跨境贸易则进一步涵盖了与上述跨境贸易行为相关的对应跨境进出口安排、跨境贸易模式、跨境结算等全过程。

与传统的跨境贸易相比，跨境电商依托信息透明的互联网直接进行交易，并通过国际物流直接对接终端，满足客户需求，具有交易门槛低、中间环节少、附加成本低、贸易周期短等诸方面的优势。跨境交易双方还可借助各种互联交易平台，方便买家在全球范围内寻找价格便宜而且具有良好信誉的供货方，还可以迅速定位并关联买家，更便捷地销售产品和服务等。

(一)跨境电商与跨境贸易的区别

1.运作过程

跨境电商的运作过程虽然也有交易前的准备、贸易的磋商、合同的签订与执行以及资金的支付等环节，但是交易具体使用的运作方法与传统跨境贸易是完全不同的。

(1)交易前的准备。跨境电子商务交易前的准备、交易的供需信息一般都是通过网络来获取，这样双方信息的沟通具有快速和高效率的特点。传统跨境贸易人员可以通过诸如展览会、订货会、网络等多种形式来了解有关产品或服务的供需信息。

(2)交易的协商。跨境电子商务中双方的协商过程是将书面单据变成了电子单据并且实现了在网络上的传递。传统跨境贸易往往通过口头协商或书面单据的传递来进行交易协商。书面单据包括询价单、订购合同、发货单、运输单、发票、验收单等。

(3)合同的签订与执行。跨境电子商务环境下的网络协议和跨境电子商务应用系统的功能保证了交易双方所有的交易协商文件的正确性和可靠性，并且在第三方授权的情况下具有法律效应，可以作为在执行过程中产生纠纷时的仲裁依据。在传统跨境贸易中，交易协商过程经常是通过口头协议来完成的，但在协商后，交易双方必须要以书面形式签订具有法律效应的商贸合同，来确定磋商的结果和监督执行，并在产生纠纷时通过合同由相应机构进行仲裁。

(4)资金的支付。跨境电子商务交易中的资金支付一般采取网上支付的方式。传统跨境贸易活动的资金支付一般有信用证和现金两种方式，信用证方式多用于企业间的交易过程。

2.监管方式

为了保证一切进出境活动符合国家法律法规，海关运用国家赋予的权力来管理进出口货物。海关最基本的职责就是监管，其他职责都是在此基础上产生的，通过备案、审单、查验、放行、后续管理等方式对进出境运输工具、货物、物品进行监管。且根据监管对象不同，海关监管可分为运输工具监管、货物监管和物品监管三大体系，每个体系对应的管理程序和方法都是不同的。各国海关对于进出口实物都有“货物”和“物品”的划分，两者按“是否有贸易属性”区分，适用不同的监管方式。然而传统跨境贸易及跨境电子商务模式在监管方式上最大的不同点就是，海关监管对于进出口实物的划分不同。传统跨境贸易与跨境电商贸易监管方式差异如表 2.1 所示。

表 2.1　跨境电商贸易与传统跨境贸易监管方式差异

类别	跨境电子商务	传统跨境贸易
监管方式	行邮(行李和邮件)方式监管，原则上需按各国法律要求主动申报，按章缴纳“行邮税”，但尺度上突出“自用”和“合理数量”，越界则会被视为“货物”	一般贸易方式的监管，通常为“一关三检”，分为海关申报、商品检验、动植物检疫和卫生检疫
税率	行邮税	海关根据不同货物征收不同关税、增值税、消费税

3. 税率

国家为了满足社会公共需要，实现国家职能，需要对不同的对象进行征税来获取财政收入。海关在不同的监管方式下，使用国家赋予的权力对跨境实物进行征税，由于监管方式不同，两种模式下的税率也是不同的。其中在传统跨境贸易下，征收关税、增值税、消费税及其他，然而在跨境电商模式下，基本上只征收行邮税，行邮税一般包含进口环节上的增值税、关税、消费税，是海关对入境旅客行李物品和个人邮政物品征收的进口税。

(二)跨境电子商务的优势

1. 市场范围广阔

鉴于全球化的特征，跨境电子商务化解了传统国际贸易所具有的地理因素限制，实现了无国界贸易，使得企业直接面对全球消费者。企业可以和世界各地任意企业和个人通过网络达成交易，拓宽了企业的市场范围。

2. 中间环节减少

跨境电子商务摆脱了传统跨境贸易进出口量的限制，并在外销环节省去了繁杂的订单确认以及集装箱排仓、排期等环节，以快速反应、小订单、多批次等形式替代。结算方面也不再单独依靠传统信用证方式，转而以个人结汇或第三方支付平台进行支付。目前国内对于跨境电商产业仍未像一般传统贸易进出口产业一样设立行业等级标准等门槛，使得跨境电商企业可快速开展业务活动。

3. 附加成本降低

传统的跨境贸易大部分由一国的进/出口商通过另一国的出/进口商集中进/出口大批量货物，然后通过境内流通企业经过多级分销，最后到达有需求的企业或消费者。传统的跨境贸易进出口环节多、时间长、成本高。而跨境电商直面最终消费者，大大降低了企业的交易成本。跨境电子商务企业通过互联网直接与国外消费者进行交易，越过传统贸易过程中的国外贸易中间商，省去了几经周转带来的多重附加成本，使企业利润增加。

4. 利润空间丰厚

跨境电子商务作为信息技术与商务活动的最佳结合，通过高效获取信息、及时便捷与客户沟通、有效整合企业内外资源等途径，有助于企业在一定程度上降低运营成本、提高运营效率、扩大利润空间；跨境电子商务可以在一定程度上减免传统进出口业务流程中许多繁杂的环节及费用支出，加之在线支付工具的流行及跨境快递渠道的完善，减少了传统跨境贸易中的诸多中间环节，为跨境电子商务创造了丰厚的利润空间。

5. 贸易渠道便捷

跨境电子商务是一种全新的海外营销渠道，相比传统的海外营销，卖家可以灵活运用网络营销的手段对目标客户群进行精准定位，获取潜在买家信息，达成交易，从而促成贸易增长。跨境电商省去了传统跨境贸易的很多中间环节，降低了从事跨境贸易的门槛，使得国际贸易变得简化、透明，同时节约了交易成本，缩短了运营周期，为广大中小企业提供了直接面向国外买家的营销渠道。

6. 国家政策支持

跨境电子商务作为国家积极推动的一种新型贸易发展方式，是培育对外贸易竞争新优势的重要举措之一。为支持跨境电子商务发展，近年来，国家在出台的多个政策文件中都提到了促进跨境电子商务发展的意见，也先后出台了相关的扶持政策和补贴计划。尤其是在2018年12月30日，国家财政部宣布，按照党中央、国务院决策部署，我国自2019年1月1日起，调整跨境电商零售进口税收政策，提高享受税收优惠政策的商品限额上限，扩大清单范围。此次政策调整实实在在地为跨境进口电商、消费者降税减费，可以进一步释放居民消费需求，将极大促进跨境进口消费升级，从政策层面推动跨境电商行业发展。

7.经营风险降低

传统跨境贸易往往是大宗采购订单，订单集中在少数的大批发商、渠道商手中，同时承受着大规模生产的企业经营风险和外贸市场变化的风险。跨境电商为了能够满足中小进口商的需求，往往将大额采购分割为中小额采购、将长期采购变为短期采购，以分散风险。跨境电商小批量、多批次的“碎片化”采购降低了企业大规模生产的压力，也分散了市场变化所可能带来的风险。

三、保税跨境电子商务

(一)保税跨境电商概念

2014年7月30日，海关增列监管方式代码“1210”，全称“保税跨境贸易电子商务”，简称“保税电商”。适用于境内个人或电子商务企业在经海关认可的电子商务平台实现跨境交易，并通过海关特殊监管区域或保税监管场所进出的电子商务零售进出境商品，保税模式极大幅度地降低进口电商的物流成本。

保税跨境电商充分结合了综合保税区“区内关外”的便利政策与跨境电商突破时间空间概念进行多方自由贸易，具有跨越时空与无纸便捷性等特征，是国家各部委、相关企业在跨境电商经营活动实践探索中综合各方实际需求创造出的一种全新运营理念与模式，可以帮助相关企业迅速扩大海内外市场销售渠道，增强品牌国际影响力，并强而有力地促使以往常规的国际贸易方式得以转型升级。

保税区发展跨境贸易电子商务，进口便利、平台完善、销售通畅三个条件缺一不可。进口便利，即应当有大型港口或国际航空港，保证境外商品能顺利抵达；有保税仓库，保证商品顺利接受海关监管并实施检疫和仓储。平台完善包括两个方面：硬件设施上，有保税商品展馆、商品分拣中心等场所，具备进行办公的水、电、网络、场地等条件；软件设施上，有跨境贸易电子商务第三方平台、实现数据交换与信息共享的“电子商务通关服务平台”，以及实现电子监管执法的“电子商务通关管理平台”。销售通畅上，一是无论通过网络电商平台还是保税区展销，应当覆盖足够的消费群体来购买跨境商品；二是有安全的支付平台协助收付款；三是交通便利和有发达的物流企业协助收发货。当前，跨境贸易电子商务实施仍处于发展阶段，在全国范围来看已经试点的地区还是少数，未来这一数量必然会继续扩大，各个跨境电商试点的辐射影响范围还会发生改变。利用保税区的跨境电商机遇谋求发展，充分发掘地方比较优势，竞争合作、谋求共赢，可以成为地区发展的着力点。

（二）保税跨境电商商业模式的类型

通过近两年的快速发展，现阶段国内保税跨境电商不但形成了三种类型的商业模式，还形成了规范化的业务操作方式，整个行业结构越来越合理，行业格局也逐渐清晰。我国目前保税跨境电商商业模式分为平台入驻、买手制与 B2C 自营三类，具体商业模式特征对比如表 2.2 所示。

表 2.2　保税跨境电商商业模式特征对比

	平台入驻	买手制	B2C 自营
类型说明	运营方提供交易场所，买家与卖家进行自主交易，平台仅负责提供信息沟通渠道并解决支付问题	运营方自建线上平台，海外买手进驻营销	具有充足资金、自身团队、货源及物流的企业组建 B2C 平台进行商品销售。服务包括物流、支付和售后等
优点	因跨境电商自身特殊时效性，现金流具有较长周转期，只要平台有较大的成交流量，则平台本身可沉淀大批资金。平台的首要任务是提高其核心层的流量	在保税跨境电商平台创办初期依靠海外买手能够轻松解决平台线上商品品种的问题，并利用买手客户资源快速建立自身的客户群体，有助于实现平台品牌快速推广	品控易于管理，消费体验较好；物流时效性较好；资金充足，线上商品品种丰富；售后服务良好

续表

	平台入驻	买手制	B2C 自营
缺点	平台售卖的商品品控问题难以把控；商业模式售后服务体验感较差	售后问题过多，管理成本高；买手容易流失；物流时效性较差；假货较多；同质化竞争激烈	平台运营费用较高；资金占用较多
代表企业	天猫国际	淘宝、洋码头	京东

第二节　保税仓物流概述

一、保税区与保税仓库的区别

保税区、保税仓库是一国（地区）更好地融入经济全球化，参与国际竞争与合作的舞台，是出口本国优势产品，引进外国先进资源设备的特殊区域。

（一）保税区的含义

1. 保税区的概念

保税区（Bonded Area; The Low-tax; Tariff-free Zone; Tax-protected Zone），也称保税仓库区，级别低于综合保税区。这是一国海关设置的或经海关批准注册、受海关监督和管理的可以较长时间存储商品的区域。是经国务院批准设立的、海关实施特殊监管的经济区域。保税区的商品不受国家正常关税管理。货物从海外运往本地区，在获得相关证件的前提下进入保税区可以免收关税。由于保税区经常涉及对外贸易活动，其选址一般在濒临河港、海港或空港的位置。从政策上讲，保税区内的企业可以享受免税进口生产材料、设备等，以及金融和外汇方面的优惠政策。保税区具体政策优势如表 2.3 所示。

保税区的功能定位为“保税仓储、出口加工、转口贸易”三大模块。保税区具有进出口加工、国际贸易、保税仓储商品展示等功能，享有“免证、免税、保税”的政策优惠，实行“境内关外”的运作方式。保税区能促进转口贸易，增加有关费用的收入。运入保税区的货物可以进行储存、改装、分类、混合、展览和加工制造，但必须处于海关监管范围内。外国商品存入保税区，不必缴纳进口关税，尚可自由出口，只需缴纳存储费和少量其他费用，但如果要进入关境则需缴纳关税。各国的保税区都有不同的时间规定，货物逾期未办理有关手续，海关有权对其拍卖，拍卖后扣除有关费用后，余款退回货主。

根据现行有关政策，海关对保税区实行封闭管理：境外货物进入保税区，实行保税管理；境内其他地区货物进入保税区，视同出境；同时，外经贸、外汇管理部门也对保税区实行相对优惠的政策。企业在综合保税区开展口岸作业业务，海关、商检等部门在园区内查验货物后，可在任何口岸（海港或空港）转关出口，无须再开箱查验。

2.综合保税区的概念

综合保税区设立在内陆地区具有保税港区功能的海关特殊监管区域，实行封闭管理，是目前我国开放层次最高、政策最优惠、功能最齐全、手续最简化的海关特殊监管区域，是国家开放金融、贸易、投资、服务、运输等领域的试验区和先行区。由海关参照有关规定对综合保税区进行管理，执行保税港区的税收和外汇政策。综合保税区集保税区、出口加工区、保税物流区、港口的功能于一身，可以发展国际中转、配送、采购、转口贸易和出口加工等业务。

综合保税区与保税区一词之差，功能却更为齐全，它在整合了保税区、保税物流园区、出口加工区等多种外向型功能区后，成了更为开放的一种形态，也更符合国际惯例。其功能和税收、外汇政策按照国务院有关规定执行。即国外货物入区保税，货物出区进入国内销售按货物进口的有关规定办理报关手续，并按货物实际状态征税；国内货物入区视同出口，实行退税；保税区内企业之间的货物交易不征增值税和消费税。该区以国际中转、国际采购、国际配送、国际转口贸易和保税加工等功能为主，以商品服务交易、投资融资保险等功能为辅，以法律政务、进出口展示等服务功能为配套，具备生产要素聚散、重要物资中转等功能。综合保税区也是保税区的一种。

国务院办公厅 2015 年 9 月份印发了《加快海关特殊监管区域整合优化方案》。按照要求，现有出口加工区、保税物流园区、跨境工业区、保税港区及符合条件的保税区将逐步整合为综合保税区；新设立的海关特殊监管区域统一命名为综合保税区。逐步统一海关特殊监管区域信息化管理系统，统一监管模式。按照《国务院关于促进综合保税区高水平开放高质量发展的若干意见》的(国发〔2019〕3号)的要求，要加快综合保税区创新升级，打造对外开放新高地，推动综合保税区发展成为具有全球影响力和竞争力的加工制造中心、研发设计中心、物流分拨中心、检测维修中心、销售服务中心。

表 2.3　保税区与非保税区的政策比较

项目	保税区	非保税区
海关管理	实行保税制度，货物从境外运入或运出保税区，免进口税，免许可证	
	货物从保税区运往国内非保税区，视同进口；货物从国内非保税区运往保税区，视同出口	国外货物到达口岸后必须办理进口手续；国内货物离开口岸必须办理出口手续
	区内企业与海关实行电脑联网，货物进出采取电子数据交换(EDI)电子报关	只有少数大企业实行 EDI 电子报关
	以《保税区海关监管办法》为法规保障	
外汇管理	外汇收入实行现汇管理，既可以存入区内金融机构，也可以卖给区内指定银行	经常性外汇收入实行强制结汇，外汇必须卖给指定银行
	无论是内资企业，还是外商投资企业，均可以按规定开立外汇账户；不办理出口收汇和进口付汇核销手续	内资企业未经批准不得保留外汇账户；企业必须办理出口收汇和进口付汇核销手续
	经常项目下的外汇开支，中资企业和外商投资企业实行统一的管理政策，由开户银行按规定办理	内资企业在结、售汇等方面都与外商投资企业有区别
	以《保税监管区域外汇管理办法》为法规保障	

(二)保税仓库的含义

1. 保税仓库概念

保税仓库，是指由海关批准设立的供进口货物储存而不受关税法和进口管制条例管理的仓库。储存于保税仓库内的进口货物经批准可在仓库内进行改装、分级、抽样、混合和再加工等操作，这些货物如再出口则免缴关税，如进入国内市场则须缴关税。各国对保税仓库货物的堆存期限均有明确规定。设立保税仓库除为贸易商提供便利外，还可促进转口贸易。

保税仓库允许境外货物不办理进口手续而在库内储存，在储存期内可暂不缴纳关税，如再出境亦可免缴关税。但货物若进入海关管制区，则要照章补办手续、补缴关税。保税仓库主要具备两个方面的优势：一是作为整个供应链中的一个重要节点，发挥仓储配送的作用；二是具有保税功能。

海关规定保税仓库适用于存放供来料加工、进料加工复出口的料、件；通过外经贸部门批准寄售维修零配件，外商寄存、暂存货物，转口货物；供应国际航行船舶的燃料、零配件；免税品等。属于一般贸易性质的进口货物不允许存入保税仓库，也不允许在保税仓库中对所存货物进行加工，但可在海关监管下改变货物包装或加刷唛码。

2. 保税仓库类型

保税仓库按照使用对象不同分为公用型保税仓库、自用型保税仓库和专用型保税仓库。申请成立保税仓库的企业应当是在海关办理进出口收发货人报关注册登记的企业，如果生产企业有进出口权，就可以申请成立保税仓库。

公用型保税仓库：由主营仓储业务的中国境内独立企业法人经营，专门向社会提供保税仓储服务。

自用型保税仓库：由特定的中国境内独立企业法人经营，仅存储供本企业自用的保税货物。

专用型保税仓库：保税仓库中专门用来存储具有特定用途或特殊种类商品的仓库。专用型保税仓库包括液体危险品保税仓库、备料保税仓库、寄售维修保税仓库和其他专用型保税仓库。

(三)保税区与保税仓库的区别

保税仓库和保税区是完全不同的两个监管区域，保税仓库只存放进口货物，而保税区是针对进出口货物。根据我国海关法的规定，货物在保税仓库的存放期限为1年。如因特殊情况需要延长存储期限应向海关提出申请，经海关核准后的延长时间不能超过1年。保税区货物不设存储期限。保税仓库只具备简单的存储功能，而保税区具有存储，国际转口贸易、全球采购、配送、中转、转口、维修、加工等功能。出口到保税区的货物离境后可以进行退税，而保税仓库针对的是进口货物，不能进行退税。使用保税区内的保税仓库不交仓储费，使用保税区外的保税仓库需交仓储费。

二、保税物流的定义及特点

(一)保税物流的定义

保税物流是指保税业务经营者经海关批准将货物在税收保全状态下从供应地到需求地的有效流动,包括采购、运输、存储、简单加工、增值服务、检测、分销、配送、流转、调拨等环节,以及为实现这一流动而进行的计划、管理、控制过程。保税物流是指保税状态下货物在保税监管区域、场所或网点间的流通,包括保税货物在供应销售链上的采购、存储、简单加工、增值服务、检测、维护、配送、分拨、分销、运输、流转、调拨等,不含加工贸易企业生产链上的物流和传统的口岸通关物流。

随着加工贸易产业链条的延伸和国务院、海关总署对保税物流发展模式的创新,与产业链发展相配套的保税物流业发展迅猛,形成了保税物流园区、保税物流中心(A 型、B 型)、保税港区、跨境工业区、保税区、出口加工区、保税仓库和出口监管仓等多种海关特殊监管区域和保税物流场所,并初步形成了“以区港联动为龙头、以保税物流中心(A 型、B 型)为枢纽,以优化的公共型、自用型保税仓库和出口监管仓库为网点”的多元化保税仓储物流监管体系。

(二)保税物流的主要功能

不同性质企业可利用保税仓功能进行业务扩展,加快资金回流。延伸出来,可以归纳如下。

1. 保税仓储

货物从国内、国外运至保税仓以保税形式储存起来,免缴关税,节约大量税金,增加资金流动性。

2. 手册核销

加工贸易型企业可通过出口到保税区,核销手册,实现跨关区转厂、出口转内销等。

3. 简单加工

在保税仓的货物可允许进行流通加工贴唛、贴标签、更换包装等。

4. 出口拼箱

国内和境外供应商采购的原材料、半成品、成品等,汇集至保税仓存储,再按销售合同组合成不同的货柜后通过海运送达世界各地。

5. 进口分拨

从世界各地进口的货物（其中包括国内转至保税仓的货物）可以暂存在保税仓，在进行分拣、简单加工、拆拼箱后，根据国内采购商的需求进行批量送货，以减轻收货人的进口税压力及仓储负担。

6. 国际转口贸易

充分利用保税区内免领进出口许可证，免征关税和进口环节增值税等优惠政策，利用国内外市场间的地区差、时间差、价格差、汇率差等，在保税仓内实现货物国际转运流通加工贴唛、贴标签、再包装、打膜等，最终再运输到目的地。

7. 展示服务

国外大宗商品如设备及原材料等，可存放在保税仓库，保税存放，并可常年展示。展示结束后可以直接运回原地，以避免高昂的关税和烦琐的报关手续。

8. 检测维修服务

发往国外货物因品质或包装退运，须返回工厂检测或维修的，可利用保税区功能，直接将货物退至保税仓库，简化报关程序，不用缴纳进口税，待维修完毕后，直接复出口。

（三）保税物流的特点

保税物流是物流分类中的一种，符合物流科学的普遍规律，但同时具有不同于其他物流类别的典型特点。

1. 系统边界交叉

国内物流的边界是从国内的任意地点到口岸（装运港），国际物流的边界为从一国的装运港（港口、机场、场站）到另一国的目的港。保税物流货物在地理上是在一国的境内（领土），从移动的范围来看应属于国内物流，但保税物流也具有明显的国际物流的特点，例如保税区、保税物流中心及区港联动皆具有“境内关外”的性质，所以可以认为保税物流是国际物流与国内物流的“接力区”。

2. 物流要素扩大化

物流的要素一般包括运输、仓储、信息服务、配送等，而保税物流除了具有这些基本物流要素之外，还包括海关监管、口岸、保税、报关、退税等关键要素，两者紧密结合构成完整的保税物流体系。

3. 全过程管理

一般贸易货物的通关基本程序包括申报、查验、征税、放行，是“点式”的管理；而保税货物是从入境、储存或加工到复运出口的全过程，货物入关是起点，核销结案是终点，是全过程的管理。

4. 效率瓶颈问题

在海关的监管下进行物流运作是保税物流不同于其他物流的本质所在。海关为了达到监管的效力，严格的流程、复杂的手续、较高的抽查率必不可少，但这与现代物流追求便捷、高效率、低成本的运作要求相背，物流效率与海关监管效力之间存在“二律背反”。在保税需求日益增长的情况下，海关的监管效率将会成为保税物流系统效率提高的瓶颈问题。

5. 平台性

保税物流是加工贸易企业供应物流的末端，是销售物流的始端，甚至包括了生产物流，如 VMI(Vendor Managed Inventory)。保税物流的运作效率直接关系到企业正常生产与供应链正常运作，构建通畅、高效率的保税物流系统是海关、政府、物流企业、口岸等高效协作的结果。完善的政策体系、一体化的综合物流服务平台必不可少，例如集成商品流、资金流、信息流的物流中心将是保税物流的主要模式之一。

三、跨境电商保税仓物流服务的内涵

(一)跨境电商保税仓物流服务的概念

跨境电商保税仓物流服务是跨境电商保税仓从接收顾客订单开始到将商品送到顾客手中为止所发生的所有物流服务活动，期间需要跨越一国或多国海关关境。目的是使交易的产品或服务实现增值。其本质是更好地满足顾客需求，即保证顾客需要的商品在顾客要求的时间内准时送达，服务能达到顾客所要求的水平等。

由于跨境电商保税仓物流具有转口贸易、关税缓缴等公共职能，是为进出口贸易、保税仓内流通加工提供物流服务的产业。所以保税仓物流服务就是第三方物流企业为跨境电商贸易企业在保税仓内产生的需要提供物流服务的活动。它是以顾客的委托为基础，按照货主的要求，为克服跨境电商贸易货物在空间和时间上的间隔而进行的物流业务活动。保税仓物流服务的内容是满足货主需求，保障供给，即在适量性、批次、广泛性上满足货主的数量要求，在安全性、准确性、迅速程度上满足货主的质量需求。

保税仓物流服务是在仓内围绕输送、保管、装卸搬运、包装及相关信息活动进行的服务。核心服务包括进出口贸易与仓储。其中方便核心服务使用的附加服务称便利服务，如检验检疫等通关服务即为便利服务。为提高服务价值或者使服务与其他竞争对手相区别而开展的服务称为支持性服务，其中国际采购与流通加工、国际分销与配送、国际中转、物流金融等为支持性服务。

一方面，保税仓物流服务从属于货主企业物流，服务的对象是从事跨境电商贸易的货主企业，即委托保税仓进行一系列服务的进出口贸易企业。另一方面，由于保税仓物流服务是伴随销售和消费同时发展的即时服务。在将保税仓物流服务作为一种产品进行分析的同时，不能忘记保税仓物流服务必须以顾客为导向，即保税仓物流服务产品还是顾客感知的物流服务集合。这里的顾客是指保税仓物流服务企业的交货企业或复出口委托承运商。为此，对保税仓物流服务产品的分析还必须注重顾客的感知，要分析核心服务及其他服务如何被顾客接受，买卖双方的相互作用如何形成，以及顾客在服务过程中是如何准备参与的。因为只有注重顾客的感知，才能使服务具有可接近性，使顾客在使用各种物流服务时感到便利；只有考虑了服务的可接近性、相互作用和顾客的参与，新的便利性服务和支持性服务才能真正成为企业的竞争优势。

优质的物流服务拥有客户所期望的商品（备货保证）；能够在顾客所期望的时间内传递商品（输送保证）；服务符合顾客所期望的质量（品质保证）；能够为客户提供合理的价值服务（价格优惠）。

跨境电商保税仓物流服务的目的，就是提供更多能满足客户要求的服务，拉大与竞争对手之间的差距，通过销售额的增加来获得或增加企业的利润。优质的物流服务不仅能够有效地完成商品的供应、减轻客户的物流作业负担、提高作业效率，还能为客户节省更多的流动资金来研发企业的核心技术。

(二)跨境电商保税仓物流服务的特性

1. 无形性

跨境电商保税仓物流服务是属于非物质形态的劳动，它生产的不是有形的产品，而是一种即时服务。交付的同时服务完成，不可储存。

2. 移动性和分散性

跨境电商保税仓物流服务以分布广泛、大多数不固定的客户为对象，所以，具有移动性以及面广、分散的特性，它的移动性和分散性会使产业局部的供需不平衡，也会给经营管理带来一定的难度。

3. 需求波动性

由于跨境电商保税仓物流服务是以数量多而又不固定的顾客为对象，他们的需求在方式上和数量上是多变的，有较强的波动性，为此容易造成供需失衡，成为在经营上劳动效率低、费用高的重要原因。

4. 差异性

差异性是指跨境电商保税仓物流服务的构成及其质量水平经常变化，很难统一界定。物流企业提供的服务不可能完全相同，物流企业难以制定和执行服务质量标准，不易保证服务质量。

5. 可替代性

从物流活动承担主体的角度来看，跨境电商保税仓物流服务产生于货主企业生产经营的物流需求，既可以由货主企业自身采用自营运输、自营保管等自营物流的形式来完成，也可以委托给专业的物流企业来完成。因此，对于专业物流企业，不仅有来自行业内部的竞争，也有来自货主企业的竞争。如果物流行业的服务水准难以达到货主要求，则货主企业就会以自营物流的形式拒绝物流企业的服务，物流企业的市场空间的扩展就会面临困难。

6. 生产和消费的同一性

在物流企业完成跨境电商保税仓物流服务的同时，委托人进行了消费这一动作。将跨境电商保税仓物流看成一种产品，产品的生产、交换和消费在时间和空间上都是统一的。它们同时产生，同时终止，具有不可分割性。

（三）跨境电商保税仓物流服务的类别

跨境电商保税仓物流企业在提供服务时，涉及多种业务，其中既有传统的仓储、货代业务等，又有一些结合企业其他资源形成的新的业务种类。包括仓单质押融资、项目物流、定制式物流、物流咨询等。

1. 仓储服务

仓储服务是指保管人储存存货人交付的仓储物，收取存货人支付的仓储费的一种服务形式。仓储服务的范围应当包括各种类型的仓储服务，如冷冻仓储、鲜活仓储等，但是保税仓储需要由海关批准。

仓储服务的基本内容包括现场储备、配送分类、仓库组合、生产支持、市场形象。仓储管理的服务项目包括 SKU（Stock Keeping Unit，库存量单位）管理、存储与装卸、实物分拨、条形码管理、系统库存管理及分析、为客户量身设计仓库作业流程及管理系统、货物在库的简单再加工、保税仓库管理、RMA（Return Material Authorization，退货授权）库存管理。

2. 国际货代业务

国际货代行业是指接受进出口货物收货人、发货人和其他委托方或其代理人的委托，以委托人的名义或者以自己的名义，组织、办理国际货物运输及相关业务，提供国际货物流通领域的物流增值服务的行业。其业务范围相当广泛，不仅包括传统进出口货物的揽货、订舱、托运、仓储、包装、装卸、中转、分拨以及办理报送报检、货物保险等与国际运输相关的一系列服务活动，还包括国际多式联运、会展与私人物品运输、国际快递、第三方物流等新兴业务。

3. 保税物流服务

保税物流服务包括手册加工企业出口复进口、出口退税、国际货物进口集货、保税区/保税物流园区的区内分拨、国际采购商出口集货、保税仓库货物库存管理等服务。

4. 仓单质押融资

仓单融资又称为“仓单质押融资”，是指申请人将其拥有完全所有权的货物存放在商业银行指定的仓储公司，并以仓储方出具的仓单在银行进行质押，作为融资担保，银行依据质押仓单向申请人提供用于经营与仓单货物同类商品的专项贸易的短期融资业务。仓单融资实质是一种存货抵押融资方式，通过银行、仓储公司和企业的三方协议，引入专业仓储公司在融资过程中发挥监督保管抵押物、对抵押物进行价值评估、担保等作用，实现以企业存货仓单为抵押的融资方式。

5. 项目物流

项目物流是指以某项特定项目为服务对象而产生的一系列物流活动的总和。如某项工程产生的工程物流，会展上产生的会展物流等。项目物流以服务项目为目的，项目结束，项目物流也随之结束；项目物流活动多为一次性活动且重复性较少；项目物流具有特殊性，经常需要特种车辆及工具方能完成物流活动。

6. 定制式物流服务

定制式物流服务是指将物流服务具体到某个客户，为该客户提供从原材料采购到产成品销售过程中各个环节的全程物流服务模式，涉及储存、运输、加工、包装、配送、咨询等全部业务，甚至还包括订单管理、库存管理、供应商协调等在内的其他服务。现代物流服务强调与客户建立战略协作伙伴关系，采用定制式服务模式不仅能保证物流企业有稳定的业务，而且能节省企业的运作成本。物流企业可以根据客户的实际情况，为其确定最合适的物流运作方案，以最低的成本提供高效的服务。

7. 物流咨询服务

物流咨询服务是指利用专业人才优势，深入企业内部，为其提供市场调查分析、物流系统规划、成本控制、企业流程再造等相关服务。企业在为客户提供物流咨询服务的同时，帮助企业整合业务流程与供应链上下游关系，进而提供全套的物流解决方案。企业通过物流咨询带动其他物流服务的销售，区别于一般仓储、运输企业的简单化服务，有助于增强企业的竞争力。

在具体的业务运作中，可以采用大客户经理负责制来实施物流咨询服务。大客户经理要针对每个客户的不同特点，成立独立的项目组，组织行业专家、大客户代表、作业管理部门、项目经理等人员，自始至终负责整个项目的销售、方案设计与服务实施，保证项目的实施效果，提高客户满意度。实践证明，这种站在客户角度考虑问题，与客户结成长期的战略合作伙伴关系，相互合作、共同发展的业务运作模式具有良好的发展前景。

第三节　跨境电商保税仓物流服务质量概述

一、服务质量的基本构成

服务质量由服务的技术质量、功能质量、形象质量和真实瞬间构成。技术质量与功能质量构成了感知服务质量的基本问题。

技术质量是指在服务过程的产出，即顾客从服务过程中所得到的东西。由于技术质量涉及的是技术方面的有形内容，故顾客容易感知且评价较为客观。

功能质量是指在服务推广的过程中顾客所感受到的服务人员在履行职责时的仪表仪态、服务态度、服务方法、服务程序、服务行为方式等给顾客带来的利益和享受。在功能质量评价中顾客的主观感受占据主导地位，再加上功能质量具有无形的特点，因此难以进行客观的评价。技术质量与功能质量构成了感知服务质量的基本内容。

形象质量是指消费者企业在社会公众心目中形成的总体印象。它包括企业的整体形象和企业所在地区的形象两个层次。企业形象通过视觉识别、理念识别、行为识别等系统多层次地体现。顾客可从企业的资源、组织结构、市场运作、企业行为方式等多个侧面认识企业形象。企业形象质量是顾客感知服务质量的过滤器。

真实瞬间则是服务过程中顾客与企业进行服务接触的过程。这个过程是一个特定的时间和地点，是企业向顾客展示自己服务质量的时机。真实瞬间是服务质量展示的有限时机。一旦时机过去，服务交易结束，企业也就无法改变顾客对服务质量的感知。真实瞬间是服务质量构成的特殊因素，这是有形产品质量所不包含的因素。

服务生产和传送过程应计划周密，执行有序，防止棘手的“真实瞬间”出现。如果出现失控状况并任其发展，出现质量问题的危险性就会大大增加。一旦“真实瞬间”失控，服务质量就会退回到一种原始状态。服务过程的功能质量更是深受其害，进一步降低。

二、跨境电商保税仓物流服务质量的概念及特征

目前，物流服务质量存在很多种定义。较为流行的有：物流服务质量是满足物流客户要求的能力水平。即企业对其提供的物流服务，达到服务产品质量标准、满足用户需要的保证程度。一般包括运输服务质量、配送服务质量、保管服务质量以及库存服务质量等。测量物流服务质量的变量有：销售额、订单数、退货率、待补订单数、退货数、取消订单数、待补订单滞留时间、货损理赔数、紧急出货次数等。在这一层次，跨境电商物流服务质量是从事跨境电子商务活动的交易主体，对其向消费者提供的跨越不同关境的商品物流服务，达到服务产品质量标准、满足用户需要的保证程度。

（一）概念

跨境电商物流服务质量可以分为物流顾客感知质量和物流组织支撑质量。物流顾客感知质量是指顾客对物流服务质量的感知程度，是顾客对享受到的物流服务质量与预期物流服务质量进行比较之后所得到的物流服务质量感知，是顾客主观上对物流服务的感知质量。比如，是否达到个性化要求，发货及时率，货物破损率，对服务增值效果是否满意等。物流组织支撑质量表示物流服务提供商在目前具有的人员、材料、设施、方法、环境等条件下的物流服务质量，具有一定的客观性。比如，人员学历结构、信息系统、作业方法、工作环境等。在这个层次中，跨境电商物流服务质量由跨境电商物流顾客感知质量和跨境电商物流组织支撑质量两部分组成。前者是顾客对于跨境电商物流服务程度与其预期的匹配程度的一种感知，而后者是现有的从事跨境电商的物流服务商内部的服务质量。

本书认为跨境电商物流服务质量是指，在所从事的跨境电商物流服务过程中，跨境电商物流供应链上的所有企业提供的组织支撑条件和顾客对跨境电商物流服务的感知度达到期望值的程度。

（二）特征

1. 主观性与客观性并存

物流服务最主要的属性是经济性、时效性、安全性，这些属性全部需要用客观的数据来衡量，因此跨境电商物流服务质量具有一定的客观性。同时，跨

境电商物流服务质量还具有主观属性，比如舒适度、功能性等。顾客对跨境电商物流服务质量，更多地凭主观期望和感受做出判断。服务质量的高低，更多地受这些主观因素的影响。由于无形性，跨境电商物流服务质量缺乏有形客观的评价标准，因而主观标准往往成了主要的标准。由于生产与消费的不可分性，跨境电商物流服务质量的形成必须有顾客的参与、经历和认可，因而不可能不受顾客的主观因素的影响。

2. 交互性

物流服务贯穿于物流服务企业、上游客户、下游客户之间，涉及物流、商流、资金流、信息流。跨境电商物流服务在普通的物流服务的基础上，更是涉及海关、国内外仓储、第三方平台等众多参与者，没有物流各个环节的交互，跨境电商物流服务质量无法衡量。

3. 过程性

跨境电商物流服务质量最终体现在服务成本、时间、安全上，但是跨境电商物流服务不是单纯的点到点服务，而是一条供应链。供应链整体的服务质量取决于海内外的物流服务质量的综合。所有的跨境电商物流服务质量的最终结果都是由装卸、搬运、存储等各个物流环节的服务质量组合而成的。

4. 差异性

差异性是指物流服务的构成及其质量水平经常变化，很难统一界定。不同的物流企业提供的服务不可能完全相同，同一个物流企业也不可能始终如一地提供完全相同的服务。跨境电商物流服务表现出差异性，主要受不同国别的企业物流系统提供的能力和服务方式的影响，同时也受全球的客户参与跨境电商物流服务过程、对服务不同的评价和认识的影响。当然，物流需求的个性化和独特化发展需要有相对应的个性化、柔性化的跨境电商物流服务。国别不同、地区不同的物流企业难以制定和执行统一的服务质量标准，在一定程度上会造成跨境电商物流服务质量的差异。

5. 无形性

同有形产品不同，跨境电商物流服务质量在很大程度上是无形的和抽象的。服务从本质上说是无形的。跨境电商物流服务对于企业是有形的，是一种实实在在的过程，而对于跨境电商供应链另一端的顾客，跨境电商物流服务是无形的——顾客只能感知企业是否遵循“正确的时间、正确的地点、正确的物品、正确的数量、完美的质量、合适的地点”这个原则。因此，跨境电商物流服务作为无形的活动，不像实体产品那样展示在顾客的面前，看不见，摸不着，从而对服务质量的评价往往由顾客凭自己消费后所获得的满意程度做出，主观随意性较大。

三、提高跨境电商保税仓物流服务质量的意义

(一)跨境电商保税仓物流服务质量是降低国际物流成本的依据

国际物流距离长，变数多。国际物流在降低成本方面起着重要的作用，而国际物流成本的降低必须首先考虑保税仓物流服务水平。跨境电商保税仓物流服务质量是衡量跨境电商保税仓物流服务水平的重要工具。从这个意义上说，跨境电商保税仓物流服务质量是降低物流成本的依据。

(二)有助于我国不断适应快速变化的国际市场环境

跨境电子商务依托于“互联网＋”兴起，其存在使得我国企业直接对接国际市场，能够更及时高效地捕捉瞬息万变的消费需求及市场变化。研究表明，顾客购买服务的风险很大，为了降低风险他们往往对自己认可的企业或市场形象好的企业有较高的忠诚度。从某种意义上说，跨境电商保税仓物流服务质量与企业形象是互为相长的。国际市场上的竞争压力迫使国内跨境电子商务企业不断释放创新思维，迸发创新活力，从而提高产品的核心竞争力，占领国际市场的战略高地。

(三)跨境电商保税仓物流服务是国民经济不可缺少的部分

跨境电子商务的发展有利于推动产业结构升级。跨境电子商务的出现促进了电子支付、物流配送等现代服务业的发展，同时也间接带动了电子信息等先进制造业的发展。随着我国经济发展进入新常态，跨境电子商务的发展也不断引发产业组织结构和生产方式的变革。跨境电子商务及产业链条上的相关产业在面对顾客多元化需求时，带动相关产业发展向“微笑曲线”的研发和营销两个环节偏移。

第三章 跨境电商保税仓物流服务质量基本理论

第一节 跨境电商相关理论

一、交易成本理论

“交易成本”作为与生产“作业成本”相对应的一个经济学名词，在传统的经济学理论里描述并不多，关于交易成本理论及其应用的研究更是不常见。事实上，在现实经济生活中，“交易成本”普遍存在于市场经济的每个角落，在买家和卖家的每一项交易中，甚至在每一项交易的每一个环节都存在着交易成本。按照价值链和供应链的分析方法，交易成本普遍存在于价值链和供应链的每一个环节中。可以说“只要有交易存在，则必然存在交易成本”。

一直以来人们都在期盼着“无摩擦的理想市场”的出现。在这种市场中，无论是买家或者是卖家都可以自由地进行交换而不必花费更多的时间和金钱，也即交易成本为零。不幸的是，人们期盼中的这种“理想市场”并没有出现，“交易成本”普遍存在于买家与卖家的每一项交易中。不过，值得庆幸的是，随着信息通信技术的快速发展及其在商业领域的快速渗透与成功应用，跨境电子商务作为一种新型的商务模式，其在降低交易成本方面所表现出来的巨大潜力使得人们虽然无法彻底消除“交易成本”，却有可能最大限度地降低交易成本从而获取最大的利益。交易成本理论是跨境电子商务的理论基础。

(一)交易成本理论概述

关于交易成本理论,罗纳德·科斯(Ronald Coase)、奥利弗·威廉姆森(Oliver Williamson)和张五常等经济学家都有过不同的阐述。

1.科斯定理

科斯被公认为是交易成本经济学的“奠基人”,其在1937年的论文《企业的性质》中,采用一系列的案例对交易成本经济学进行了阐述,这些案例所构成的命题或命题组被称作“科斯定理”。科斯将交易成本归纳为发现价格的成本和谈判、签订合同的成本。

在1960年的著作《社会成本问题》中,科斯将交易成本定义为:为了完成一项市场交易,必须弄清楚谁是与某人交易者,必须通告人们,某人愿意出售某物,以及愿意在何种条件下进行协议的谈判、签订合同并实施为保证合同条款得到遵守所必要的检查,如此等等。

2.威廉姆森的交易成本观点

威廉姆森在其《市场与管理等级制》(1975年)一书中对交易成本进行了较为详尽的阐述。威廉姆森遵循埃罗(Arrow)的观点,把交易成本规定为利用经济制度的成本,就其本身而论相当于物理学中的“摩擦”这一定义。他认为,事先的交易成本包括起草、谈判和维护一项协议的成本,事后的交易成本则包括:(1)当交易偏离了所要求的准则而引起的不适应成本;(2)倘若为了纠正事后的偏离而做出了双边的努力,由此而引起的争论不休的成本;(3)伴随建立和运作管理机构(通常不是法庭)而来的成本,管理机构也负责解决交易纠纷;(4)使安全保证生效的抵押成本。

威廉姆森(1985)指出,产品或服务的成本是由生产成本和交易成本组成的。交易成本又称为协调成本,它是由监督、控制、管理交易的成本组成的。当企业管理者在做自制还是购买的决策时,他考虑的成本应该是生产成本加上交易成本。

3.张五常的交易成本观点

张五常在《经济组织与交易成本》(“Economic Organization and Transaction Cost”)一文中指出:“交易成本可以看作是一系列制度成本,包括信息成本、谈判成本、拟定和实施契约的成本、界定和控制产权的成本、监督管理的成本和制度结构变化的成本。简言之，包括一切不直接发生在物质生产过程中的成本。”张五常同时指出，“所有的组织成本都是交易成本”。

关于交易成本理论及其分析方法，凯伊(Kay)、迈克尔·迪屈奇(Michael Dietrich)等经济学家也都从不同的角度进行过阐述。交易成本可能存在于每一项交易过程中，也可能存在于每一项交易的每一个环节。同时交易成本可能存在于买家与卖家之间，即存在买方交易成本与卖方交易成本。

(二)交易成本的表现形式

虽然经济学家们的著述都或多或少存在不尽全面或不合理之处，但是循着经济学家们的分析脉络，仍然可以归结出交易成本的主要表现形式：第一类是正常交易成本，第二类是不适应交易成本。

1. 正常交易成本

正常交易成本是指在遵循法律、法规和商业惯例的条件下存在的交易成本，包括企业内部交易成本、企业外部交易成本和政策性交易成本三大类。

一是企业内部交易成本——组织成本。企业内部交易成本指的是企业内部安排和组织各类价值活动的成本，如质量检测成本等。按照张五常的观点，企业内部交易成本就是组织成本。

二是企业外部交易成本——供应链交易成本。企业外部交易成本是指存在于企业与其供应商、分销商以及客户和协作伙伴之间，也即存在于供应链中间，为了完成交易而支付的成本，暂且称其为供应链交易成本，包括信息成本、签约成本和履约成本。

三是政策性交易成本——政策成本。政策性交易成本指的是交易遵循法律、法规和政策要求而发生的成本。如经营或交易许可的成本、由于政府监管产生的成本(如进出口报关的成本)等。

2. 不适应交易成本

不适应交易成本指的是在交易规则发生偏差或产生纠纷时而发生的成本。如解决争议的诉讼或仲裁成本、确保交易安全进行而发生的抵押或保险成本等。

交易成本的主要表现形式如图 3.1 所示。

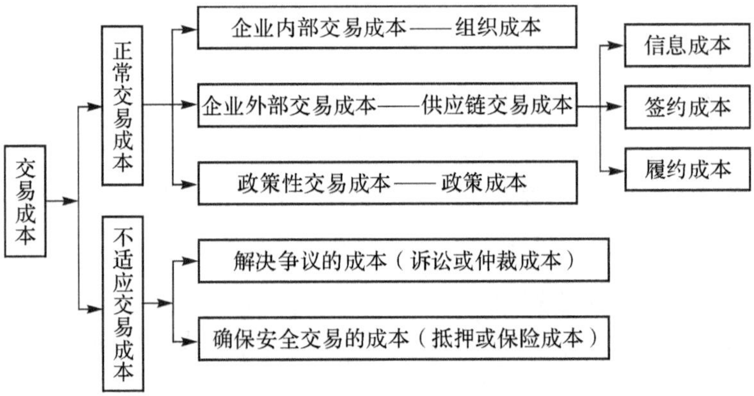

图 3.1 交易成本的主要表现形式

(三)供应链交易成本的组成

跨境电子商务正常交易成本中的企业外部交易成本，即供应链交易成本。在供应链管理的演变过程中，供应链交易成本始终贯穿于供应链的全过程。供应链交易成本按其所处的环节不同可区分为采购环节的交易成本和销售环节的交易成本。而按其性质来分，则可以分为以下三个方面。

1. 信息成本

信息成本的存在源自于信息的不对称性。

信息不对称在卖方与买方之间是永恒存在的。关于信息不对称的研究已促成了信息经济学的诞生和发展。美国加利福尼亚大学伯克利分校的乔治·阿克尔洛夫(George Akerlof)、斯坦福大学的迈克尔·斯彭斯(Michael Spence)和哥伦比亚大学的约瑟夫·斯蒂格利茨(Joseph Stiglitz)三位经济学家，因在不对称信息市场分析方面所做出的开创性研究而获得 2001 年度诺贝尔经济学奖。阿克尔洛夫等三位经济学家用不对称信息的现实假定对此给出了一般性的合理解释并因此拓展了经济学理论：市场一方的经济主体比另一方知道的信息更多。

信息的不对称性又分为事先的不对称和事后的不对称。事先的不对称问题发生在这样的情况下，即交易一方关于一项潜在的购买(销售)所具有的信息少于另一方所具有的，但是在交易完成后，此种信息不对称因素即不复存在。

事后不对称则发生在这样的情况下，即即便在交易完成后，交易一方所具有的信息少于另一方的情况依然存在。如保险公司没有可靠的方法得知，保险单持有人已经提供了与一项索赔有关的全部信息。

信息成本可以细分为以下几个方面。

(1)调查成本(买方或卖方)

买方为获得卖方信誉或卖方产品信息所付出的调查成本，卖方为了解市场需求信息或竞争者产品信息以及完成相关的预测和计划所付出的成本。

对于买家来说，调查成本包括寻找卖家的成本、获取卖家资信和卖家产品信息的成本、不同卖家或不同产品间的比价成本，还包括咨询专家所付出的咨询成本。

对于卖家来说，调查成本包括获取买家需求信息和买家资信情况的成本、分析竞争者产品以进行产品定价的成本。

(2)广告与促销成本(卖方成本)

卖方为促成交易而发生的广告与促销成本，其目的在于让买家更多地了解卖家及其产品的各种信息。广告与促销活动主要是对客户进行识别、细分与建档，开展更符合于客户需求的个性化的营销活动，从而有效激发客户的购买欲望。其主要工作包括营销活动组织与管理、客户信息库建设、客户列表生成与管理、促销/激励计划以及市场营销运作计划制订等一系列市场营销活动。

(3)交易对象选择成本

交易对象选择成本包括供应商选择成本(买家)和客户识别成本(卖家)。

2. 签约成本

交易双方为了最终签订交易合约所付出的各种成本，包括谈判成本、比价/议价成本等。其中，比价/议价成本主要指交易双方在合约价格条款磋商过程中所发生的同类产品价格比较、“询盘”与“还盘”等活动所支付的成本。

3. 履约成本

买卖双方履行合约所发生的成本，包括订单管理成本、物流成本(送货、验货、运输、仓储)、支付与结算成本、售后服务成本。

其中，物流活动以及物流成本正日益受到人们的重视。据统计，物流成本一般在销售额的5%至35%之间。物流成本通常被认为是商务活动中较高的成本之一，仅次于生产制造过程中的材料费用或批发、零售产品的成本。目前人们期望通过改善物流管理以最大限度地降低物流成本。

二、长尾理论

长尾理论是美国人克里斯·安德森(Chris Anderson)(2004)提出的。长尾理论认为，当非主流商品存储、展示的场地、形式和渠道足够宽广的时候，其所占据的共同市场份额及产生的利润价值完全可以和主流商品的市场份额及利润价值相提并论，甚至更大。长尾理论模型如图3.2所示。

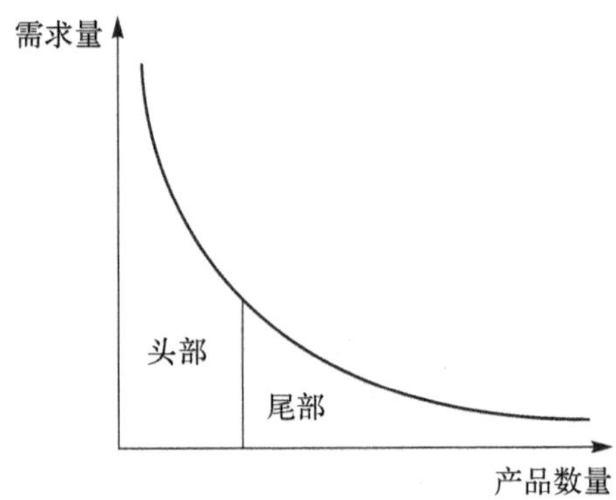

图3.2 长尾理论模型

作为消费者，大家的消费需求是不同的，虽然主流产品在一定的时期受到消费者的追捧，但是非主流产品同样也是有其特定的目标群体的，网络营销使得这些非主流产品被选择的空间和渠道得到极大的拓广，从而达到销售的目的。借助于网络平台，非主流产品同样拥有自己的市场，也同样会创造相应的利润价值。

2004年10月，美国《连线》杂志时任主编克里斯·安德森在《长尾》一文中最早提出"长尾"一词。在文中，"长尾"主要描述了像Netfix和亚马逊这样的网站的商业经济运营模式。在现实生活中，人们大多关注的是重要的人和重要的事，在现实的市场中也是一样，企业基本上也都是关注热销的产品及给企业创造较大利润价值的产品，但是企业往往忽略了需要一定成本和精力去维护的利润价值不高的大部分产品。这部分产品虽然单体的消费者关注度及利润价值不高，但是数量的庞大使得其总和的利润价值未必会比热销产品的利润价值小。比如说，很多企业重点关注的都是那几个所谓的“VIP”大客户，对于那些小客户或者“散户”一般都无暇顾及，维护的质量和力度都要差很多。但是网络时代的到来让信息的传递做到了方便、快捷，同时，对于企业来说利用网络对小客户进行维护的成本大大降低，也为企业开辟了一条新的获利方向。就像 Google 公司，他的客户几乎都是小客户、小企业甚至是个人，但是这些客户所创造的利润价值却在其公司总利润的一半以上。可以说，是网络关注了“长尾”，造就了“长尾”。

长尾市场又常常被称为“利基”市场，“利基”一词是英文“Niche”的音译。菲利普·科特勒认为，利基就是将市场细分、更狭窄地去面对特定的群体，而这是一个没有被重视，没有被服务好的小市场。通过市场的细分，企业可以更精准、更有针对性地找到自己的目标市场，或针对特定市场，或针对特定产品，加大营销力度，从而创造更大的利润价值。

(一)长尾理论的内容

长尾理论提出后，业界人士对此理论众说纷纭。有的人认为长尾理论给我们带来了很大的启示，我们不仅要将目光放在主流产品及主流市场上，作为“长尾”的商品，同样会给我们带来极其可观的利润。与此同时，有些人也提出了相反的意见，他们认为长尾理论是武断的，是需要有条件要求的，是无法扩展到整个市场及各个行业的，而产品是“短头”还是“长尾”不是固定的，它们均处在变化中，今天的“长尾”或许就是明天的“短头”。人们若仔细理解长尾理论，不难发现其中还是有一些问题值得我们去研究：

1. 虽然长尾理论告诉大家，作为“长尾”的常销产品的利润，在满足一定条件的情况下可以达到热销产品的利润，但是理论中并没有清楚地指明热销产品和常销产品应该如何去划分，如何去界定。

2. 长尾理论从表面上看可以促使企业增加利润，但是同样会分散企业的精力，可能会出现“短头”和“长尾”无法兼顾的现象，企业经营没有终点，反而利润会有所下滑。

3. 长尾理论只是提出较为抽象的一种推理，对于一个企业应该如何推行并没有给出较为实际的基本战略。

作为一名网络消费者，首先关注的依然是那些主流的热销产品，除非一小部分客户有了定向的需求，否则大部分客户是不会首先注意那些非热销产品的。而热销或者客户熟悉的产品可以说是客户与销售商之间相识的桥梁，之后彼此逐步产生信任，从而销售商可以引导客户去浏览其不熟悉的那些非热销产品，也即长尾理论中的“长尾”，销售商会针对这80%的非热销产品挖掘客户的消费欲望而使其产生需求，形成消费。当这种模式大批量发生的时候，其带来的利润总和会超过热销产品，部分产品甚至可能就此被引向主流，成为热销产品。

(二)长尾理论与二八定律

二八定律是经济学家帕累托(Vilfredo Pareto)提出的，此定律表现了一种不平衡的关系：少数主流人群(或事物)可以造成主要的、重大的影响。二八定律表现在商业领域，就是说80%的利润和销量都是由20%的热销品创造的。而长尾理论是基于互联网产生的新兴理论。可以说二八定律与长尾理论从表面上看形成了一对矛盾体，两者分别从两个不同的侧面阐述了主流产品和非主流产品给企业带来的效益。

1.长尾理论颠覆了二八定律

二八定律是用来分析市场，分析企业的主要工具，其检验两组类似数据之间的关系，并用来改变它们所描述的关系。主要用途是去发现该关系的关键起因——20%的投入就有80%的产出，减少企业资源损耗的同时取得较大的利润。

在上述理论中被忽略不计的80%就是长尾理论中的“长尾”。该理论将目光投向了并非热销的80%的那部分产品。长尾理论认为，这80%的非热销产品，在库存及渠道足够大的时候同样可以给企业带来一半或者一半以上的经济利润。作为尾部的80%的非热销产品，在不同的细分市场上出售，尽管每种商品服务的消费者非常少，但其总和却是庞大的，所带来的经济利润也是巨大的。在现阶段的网络时代，市场中产品的选择余地远大于以前，而且消费者找到适合自己的产品远比以前容易，因此“尾部”的非热销产品变得越来越重要，带来的经济利润也越来越明显，足以和头部媲美。人们看到，在互联网的促力下，被奉为传统商业圣经的二八定律开始有了被改变的可能性。

所以大多数人开始认为长尾理论是可以颠覆二八定律的。一些学者这样认为，在商业变革和互联网技术变革充分融为一体，并能充分体现现代市场特征的长尾市场中，传统的二八定律产生了如下变化：第一，非热销产品市场与大热门市场已相差无几，任何产品都能创造利润；第二，市场可以提供较之以前更多种类的产品选择；第三，消费者更容易找到适合的产品，销售额在非热销产品市场与大热门市场之间的分配更加均匀。

2. 长尾理论是二八定律的补充

一个企业的发展和前进离不开热销商品，而长尾理论只是帮助人们开阔了思路，找到了更多的市场，增加了更多的销售领域，但是即使是作为长尾理论"发祥地"的网络企业，他们仍然也是需要销售热销产品，并从中获取高额效益的。与此同时，在库存及渠道得到极大扩展的时候，非热销产品也可以从原来 80％的那部分转变为"头部"那 20％的热销产品，虽然是在尾部，但是其仍然可以成为各自市场的热销产品。长尾理论要成为二八定律的补充，必须满足两个条件，同时所面对的市场也要体现出三个特征。两个条件分别指：网络信息化足够普及，足够成熟，网络信息技术非常完善；社会经济足够富饶。市场的三个特征是指：商品的种类繁多，可选择的空间极大；所经营的产品为非热销产品；特征较为单一的产品市场极小。

3. 长尾理论是对二八定律的扩展

其实长尾理论并没有颠覆二八定律，更不可能替代二八定律，只是在特定的条件下通过二八定律延伸出来的新理论，可以说长尾理论是对二八定律的扩展。

长尾理论是一门新兴的市场理论，此理论在网络信息时代到来后才被提出，有很大的局限性，需要满足一定的条件才能发挥其本身的作用。反观二八定律，多年来一直是市场经营中的主导定律，其适用于各种市场，不受任何条件的限制，现阶段企业的生产、实践、销售仍然离不开二八定律。可以说二八定律在市场中的应用要比长尾理论更为广泛。长尾理论提出的更多是一种营销的新思路，毕竟绝大多数的企业不可能放弃可以为本企业创造 80％利润的热销产品，反而这部分热销产品还会是企业重点的经营对象。长尾理论则是让企业意识到“尾部”那些非热销产品的重要性，如果借助一定的平台或者工具，向不同需求市场的客户尽可能多地提供这些非热销产品，所得到的利润同样也是可观的。

时代在前行，市场在发展，针对不同的市场，各种理论也需要适应特定时代的特定市场。同样，长尾理论也并非一成不变的，动态的长尾理论与二八定律并不矛盾，大家可以将其看作是对二八定律的一种扩展。二八定律中提出的创造80％利润的那20％的产品不是固定的，这些产品在某一时段可能是热销产品，但在下一时段可能就会成为尾部的非热销产品。而对于长尾理论中“尾部”的非热销产品，如果做好市场细分，利用一定的平台和技术支持，其同样可以成为二八定律中那20％的热销产品，动态的两个理论在不同时期可以相互转化，相互依存。因此，企业需要通过长尾理论清楚地意识到，作为“尾部”的非热销产品是不能忽略的，这些产品可能随时会成为下一时期的热销产品。

随着网络时代的来临，新兴经济模式开始出现。最为显著的特征是一大批网络交易模式开始出现。B2B与B2C等电子商务网站快速发展，促使长尾战略得到落实。网络时代的兴起改变了人们传统的生活和消费方式，它将以前社会生活中成本相对较高的事物变得简单易得，着重体现在营销费用的大幅度降低、市场资源整合的快捷方便、社会小众需求汇集的方便等方面。而跨境电子商务正是利用了长尾理论，在多数传统外贸企业仍在采用大型集装箱交易模式的同时，通过电商渠道对传统外贸进行了改进与创新。

三、比较优势理论

(一)比较优势理论的形成

大卫·李嘉图在其1817年出版的《政治经济学及赋税原理》中提出了“比较成本理论”(后人称为“比较优势理论”)。比较优势理论认为，国际贸易的基础并不限于生产技术上的绝对差别，只要各国之间存在生产技术上的相对差别，就会出现生产成本和产品价格的相对差别，从而使各国在不同的产品上具有比较优势，使国际分工和国际贸易成为可能。每个国家都应根据“两利相权取其重，两弊相权取其轻”的原则，集中生产并出口其具有“比较优势”的产品，进口其具有“比较劣势”的产品。比较优势贸易理论在更普遍的基础上解释了贸易产生的基础和贸易利得，大大发展了绝对优势贸易理论。

虽然比较优势理论弥补了绝对优势学说的理论缺陷，但其本身也存在着不足：一是虽解释了劳动生产率的差异如何引起国际贸易的产生，但没有进一步解释造成各国劳动生产率差异的原因；二是认定各国将以比较优势原则进行完全的专业化生产的见解，与现实不符，现实中，各国大都会生产某些进口商品的替代产品，而避免完全专业化生产。

20 世纪初，赫克歇尔和俄林两位经济学家从生产要素比例的差别而不是生产技术的差别出发，解释了生产成本和商品价格的不同，以此说明比较优势的产生。这个解释克服了斯密和李嘉图贸易模型中的局限性，认为资本、土地以及其他生产要素与劳动力一起都在生产中起重要作用并影响劳动生产率和生产成本；不同的商品生产需要不同的生产要素配置，而各国生产要素的储备比例和资源禀赋不同，这种生产资源配置或要素禀赋上的差别才是国际贸易的基础。

斯密和李嘉图贸易模型实质上都是把国家间先天赋予的生产条件差别作为贸易基础，因此从李嘉图到 20 世纪中期之前的比较优势理论被称为外生比较优势理论。外生比较优势理论的产生与盛行与当时粗糙的产业状况紧密相连。当时产业的生产形态是劳动密集而非技术密集型，国际贸易的主要产品是香料、丝绸、烟草和矿产等，而国家的资源、资金与技术还处于发展中状态。随着 20 世纪 60 年代以来全球经济和国际贸易的迅速发展，外生比较优势理论并不足以解释丰富多元的贸易形态。

(二)比较优势理论的发展

比较优势理论体系的学者们引入了规模经济、产品差异等概念体系以及从专业化、技术差异、制度、博弈以及演化等不同角度完善和拓展了传统比较优势理论。

20 世纪 80 年代，克鲁格曼和赫尔普曼引入规模经济来分析比较优势，发展了一个基于自由进入和平均成本定价的垄断竞争模型，将产品多样性的数目视为由规模报酬和市场规模之间的相互作用内生决定。90 年代，梯伯特(1993)进一步总结并集中论述了递增性内部规模收益(increasing internal

returns to scale)为比较优势的源泉。但多勒尔(1993)等学者却认为规模经济并不能充分解释比较优势,他们认为,以规模经济来解释比较优势主要是针对现代具有相似要素禀赋的发达国家之间日益增加的产业内贸易,规模经济只能部分解释这些国家中的专业化,而技术差异才是对这些国家专业化程度日益深化的合理解释。

格罗斯曼和赫尔普曼(1989,1990)从研究与开发的角度推进了比较优势理论。他们发展了一个产品创新与国际贸易的多国动态一般均衡模型,据此来研究通过研发产生的比较优势和世界贸易的跨期演进。格罗斯曼和赫尔普曼的动态分析不仅推进了比较优势的动态分析,而且方法也有较大创新。他们的模型很明确地处理了对私人投资研发的激励和研发活动的资源要求。

杨小凯和博兰(1991)从专业化和分工的角度拓展了对内生比较优势的分析。他们认为,内生比较优势会随着分工水平的提高而提高。他们在一个交易成本和分工演进相互作用的理论框架中分析内生比较优势,这就将专业化和分工置于分析的核心。随着世界经济的发展,学者们尝试从更新的角度来分析国家间的比较优势。格罗斯曼和麦吉(2000)从人力资本配置的角度分析了各国间的比较优势。他们发展了一个具有相似要素禀赋的国家间贸易竞争模型,分析了人力资本的分配对比较优势和贸易的影响。他们发现,一方面,具有相对同质人力资本的国家,出口产品所使用的生产技术以人力资本之间的互补性为特征;另一方面,对于具有异质人力资本的国家,其出口产品所使用的生产技术以人力资本之间的替代性为特征。

比较优势理论是在绝对成本理论的基础上发展起来的。比较优势理论与绝对优势理论都认定对外贸易可以使一国的产品销售市场得以迅速扩张,因而十分强调对外贸易对促进一国增加生产、扩大出口供给的重要作用。或者反过来说,斯密和李嘉图站在当时新兴的产业资本家阶级的立场上,为了给产业资本所掌握的超强的工业生产能力以及由此产生的大量剩余产品寻找出路,从供给的角度,论证了开拓国际市场、推进国际贸易的重要性,以及推行自由贸易政策的必要性和合理性。从这个意义上说来,可以将斯密和李嘉图的贸易思想归于贸易理论研究上的"供给派"(School of Supply)。

但就绝对优势理论与比较优势理论各自涵盖的研究对象来说,人们也可以清楚地看到，无论一国是否拥有绝对低成本的优势商品，只要存在相互间的比较优势，国家间的自由贸易就可以使贸易双方都获得贸易利益。这就是说，实际上，从理论分析的角度考察，比较优势理论分析研究的经济现象涵盖了绝对优势理论分析研究的经济现象，而不是相反。这说明，斯密所论及的绝对优势贸易模型不过是李嘉图讨论的比较优势贸易模型的一种特殊形态，是一个特例。绝对优势理论与比较优势理论是特殊与一般的关系。将只适用于某种特例的贸易模型推广至对普遍存在的一般经济现象的理论分析，正是李嘉图在发展古典国际贸易理论方面的一大贡献。

（三）跨境电子商务的比较优势

1.提供差异化产品或服务来提高比较优势

信息技术使国际贸易企业能够不断及时地改变和调整经营战略，不断向国际市场提供差异化产品或服务，或者提供更高质量和更多品种的产品和服务，形成不易被其他竞争对手的产品或服务替代的"独特"的产品或服务体系，或者形成互补性产品和服务的竞争优势。网络国际联系渠道的开通，打开了企业国际联系的另一扇窗口。它可以使企业随时与客户和供应商建立密切的联系，扩大推销产品的范围，拓宽寻找原料市场的信息渠道，提高商贸事务处理的效率。无形中，采用跨境电子商务的企业相对没有采用跨境电子商务的企业来说，就形成了一种竞争优势。

2.重视非价格因素来提高竞争优势

在互联网空间中，直接面对数字信息世界的国际市场，使从事跨境电子商务的企业可以长期保持对国际价格波动的敏感性，从而为企业获取竞争优势提供了更多的商业机会。企业可以利用网络与外部市场建立密切的联系，将本企业的经验发展战略与外部市场的需求融为一体。一方面根据市场来制定企业的经验战略，另一方面与客户、供应商、消费者一道来共同开发和培育市场。由于信息技术的进步，无论是市场垄断、价格垄断还是技术垄断，从垄断时间和程度上来看都会减少，企业面临的是趋向于完全竞争的市场。而购买者的心理特点趋向于理智型，电子商务使采买者增加了许多可选择的机会，他们很容易上网对产品进行全面的比较，而不是只注意商家的定价。在这种市场条件下，产品的非价格因素将起越来越重要的作用。

3.改进交易程序来提高竞争优势

在传统贸易方式下，产品需经过国内代理商、国外代理商、批发商、零售商等诸多环节，才能实现从生产厂商到国外消费者的转移，营销费用较高。而国际电子商务的采用，会使营销环节缩短，贸易成本下降。因为在网上直接传递和处理电子单证，既节约了纸单证的制作费用，又可以缩短交单结汇的时间，加快资金周转，节省利息开支。

通过跨境电子商务，贸易双方可以采用标准格式文件，例如标准化的合同、提单、发票等进行即时传递和自动处理，在网上直接办理订购，进行谈判、签约、通关、租船订舱、支付结算等手续，从而缩短交易时间。此外，在传统贸易方式中，每个交易环节必须有人具体参与才可以完成，处理速度慢，甚至有时可能会因人为的错误，造成不必要的损失。

第二节　保税仓物流相关理论

一、供应链管理理论

(一)供应链的定义与基本模型

供应链理论产生于20世纪80年代中后期，在90年代得到长足的发展和应用，如今供应链理论得到了进一步的完善。但迄今为止，供应链依然没有一个统一的定义。这是因为供应链，作为一种组织和管理模式出现只有20多年，导致人们对它的认识和研究不够，所以难以给出一个统一的定义；另外，由于产生和促进供应链管理发展的企业环境、技术条件、理论基础等外部因素的不断变化和更新，供应链及供应链管理在不同时期具有不同的特征，新特征的出现可能导致旧特征的否定和消失，因此难以给出一个统一的定义。尽管如此，还是有很多学者在总结当时及以前的供应链研究内容、重点、水平和发展趋势的基础上，给出了其阶段性定义，随着供应链及供应链管理发展和研究水平及研究重点的转移，这些定义又被更新的阶段性定义所取代。

综合国内外的研究，供应链(Supply Chain)是指相关企业为了完成同一个商业目标，互相协同生产，最后将产品传递给最终客户的一个完整过程，从而形成一个完整的网状结构。中华人民共和国国家标准《物流术语》对供应链的定义是“生产及流通过程中，为了将产品或服务交付给最终用户，由上游与下游企业共同建立的需求链状网”。

不同企业一般根据各自的业务流程设计供应链。但所有供应链的基本组成元素与运行机制都具备一定的相似性。可以说，供应链由所有加盟的企业围绕一个核心企业组成。节点企业以需求信息为驱动力，通过供应链进行诸如生产、分销、零售等活动，以资金流、物流、信息流为媒介形成整条供应链的增值。供应链基本模型如图 3.3 所示。

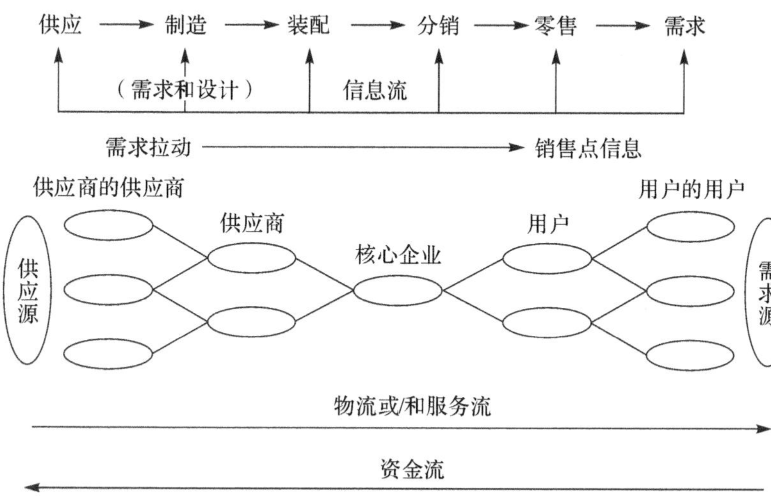

图 3.3　供应链的基本模型

一个完整的供应链具备以下基本特征：

1. 网链结构：供应链不是单纯的链状结构，而是复杂的，是由许多相对独立的链条相互串联形成的网状结构，并且包含了企业提供最终客户所需要的产品和服务的一系列行为过程。由于供应链节点企业的组成跨度不同，供应链由多种类型企业构成。

2. 动态性：供应链的产生源于企业适应市场变化的需要，供应链的各节点企业需要不断更新，这就使供应链具备明显的动态性。

3. 面向用户性：产品与服务在供应链中通常是由供应商向客户输出，而各种需求信息通常是从客户流向供应商。在供应链中，客户与供应商的概念具有相对性，一个企业的客户可以是另一个企业的供应商，所以供应链系统由供应商和客户二者组成。供应链的形成、产生、重构，都是基于市场中的客户需求而发生，并且供应链中产生资金流、信息流、服务流的原动力也是客户需求。

4. 交互性：在现实生活中，节点企业可以是这个供应链的成员，同时又可以是另外一个供应链的成员，众多的供应链形成了交叉结构。这就对供应链管理水平提出了很高的要求。

（二）供应链的分类

供应链一般可以分为以下类型：

1. 有效性供应链（Efficient Supply Chain）和反应性供应链（Responsive Supply Chain）。根据供应链的物理功能和市场中介功能，可以将供应链划分为有效性供应链和反应性供应链。有效性供应链主要体现供应链的物理功能，它以最低的成本将原材料转化为半成品或成品后在供应链中进行传输。反应性供应链主要体现出供应链的市场中介功能，它把产品分配到满足用户需求的市场，对未知的需求做出预判和快速反应。

2. 稳定供应链（Stable Supply Chain）和动态供应链（Dynamic Supply Chain）。根据供应链的稳定性，可将供应链划分为稳定供应链和动态供应链。基于单一市场需求而组成的供应链的稳定性相对较强，而基于多元化、复杂的需求而组成的供应链动态性较高。在供应链的实际应用中，应根据不同的市场需求，相对应地改变供应链的组成。

3. 推式供应链（Push Supply Chain）与拉式供应链（Pull Supply Chain）。推式供应链也被称之为“产品导向”或“库存导向”，它是以企业自身产品为导向的供应链。企业采取市场预测的方式，获得生产某种产品的优先级顺序，再制定和设置一定的产品生产数量与货存标准。然后将产品批发至零售商，再由零售商向客户推销。这种供应链的构建以制造商本身市场的预测为依据，只有成功地将产品卖出去，企业才能获利。当生产出的某种产品得不到市场认可时，就会层层退货，导致企业负担加重。这种供应链的运营模式所产生的风险很大。

拉式供应链又被称之为“客户导向”或“订单导向”，它以企业获得订单为前提。这种供应链在企业接收到客户订单后被激活，并由此引发一系列的供应链运作，它的重点是吸引更多的客户，以客户需求为导向进行生产、采购、货源组织、业务外包等。拉式供应链的特点是利用 IT 技术搜集市场信息，通过分析搜集到的市场信息来明确产品的定位。首先通过 EDI 系统、网站获得订单，然后利用信息技术所提供的管理手段完成客户订单，接着进行电子化采购和自动化持续补货，最后将产品送至客户手中，通过电子化方式获取客户的反馈信息。

（三）集成供应链管理的理论模型与实现

由于供应链包括了从原材料到成品，再到最终客户的整个商业过程，且在这个过程中，物流与信息流始终伴随。随着物流的转移，企业之间同样存在着各种各样的支付行为，这种支付行为直接导致了资金流的介入。资金流的出现，体现了企业在物流过程中的增值效应，同时也体现了企业的市场价值。因此，企业理所当然地要对与之相关的供应链进行管理，在这个动态的管理过程中，企业在不停地整合供应链中的行为方式，改善供应链中的各种元素，改善上下游之间的合作关系，从而保证企业的竞争优势。供应链管理是企业的有效管理，表现了企业在战略和战术上对企业整个作业流程的优化，使商品以正确的数量、完美的品质、正确的地点、正确的时间、最佳的成本进行生产和销售。

二、库存控制理论

（一）库存及库存控制

库存改变了企业生产经营的模式，改变了企业面向市场的方式。库存具有狭义和广义两种含义。狭义的观点认为，库存仅仅指的是在仓库中处于暂时停滞状态的物资。从广义的观点看，库存表示用于将来目的、暂时处于闲置状态的资源。因而需要明确两点：其一，资源停滞的位置，可以是在仓库里、生产线上或车间里，可以是在非仓库中的任何位置，如汽车站、火车站及机场码头等类型的流通节点上，甚至也可以是在运输途中；其二，资源的闲置状态可能由任何原因引起，而不一定是某种特殊的停滞。资源闲置的原因大体有以下几个方面：一是主动的各种形态的储备；二是被动的各种形态的超储；三是完全的积压。

库存控制是受许多环境条件制约的，库存控制系统内部也存在“交替损益”现象。这些制约因素可以影响控制水平，乃至决定控制的成败。主要包含如下制约因素：

1.服务水平的需要。在顾客需求不确定的情况下，要百分百地满足顾客订单经常是不可能实现的，因此管理层需要确定一个可接受的服务水平。

2.顾客需求的不确定性。在许多因素影响下，需求可能是不确定的，如突发的热销造成的需求突增等会使库存控制受到制约，如果可以通过获取历史数据来估计顾客的平均需求和需求的变动性（常用标准差来表示），那么，企业可以采用预测工具来对需求进行预测。

3.仓库储存的产品种类数。市场对产品种类的需求是多样化的，企业难以明确各种产品需要的确切数量，因此，仓库储存的产品种类就成为一种新的不确定因素，制约着库存控制。

4.库存补充的提前期。在企业发出订单时，库存补充的提前期可能是已知的，也可能是不确定的。这主要是受到信息传递、生产周期、交通运输或其他自然、社会、生理等因素的影响。因此，订货周期的不确定性，成为制约库存控制的一项因素。

5.运输。运输的不稳定性和不确定性必然会制约库存控制，这种制约因素受到运输距离、运输条件和运输工具等的影响。

6.信息处理能力。在库存控制系统中信息要素的作用和其他系统中的信息要素的作用程度相当。在库存控制系统中，监控信息的采集、传递、反馈是控制的关键。信息处理能力成为信息代替库存的关键要素。

7.管理。管理和信息一样，也是一般要素，库存控制系统并不靠一条流水线、一种高新技术工艺等硬件系统支持运行，而是靠管理。管理水平若达不到控制的要求，则必然使控制无法实现。

8.资金。资金的短缺、资本运营不灵等会使预想的控制方法落空。因而，是否具有良好的资金管理方式也是一个影响因素。

9.价格和成本。库存控制是建立在一定的成本基础上的，这使得价格和成本成为库存控制中的一项制约因素。

库存控制的目的是实现对企业整体经营的有效监控和管理，以维持客户服务水平和库存投资的最佳平衡。因此，要想以较小的库存投资保持较高的客户服务水平，就需要采取科学的库存决策方法。

供应链环境下典型的库存控制方法有联合库存管理(JMI，Joint Managed Inventory)、供应商管理库存(VMI)、协同规划、预测与补给(CPFR)等。

(二)联合库存管理(JMI)

联合库存管理(JMI)，是一种基于协调中心的库存管理办法，是解决供应链系统中由各节点企业的相互独立库存运作模式导致的需求放大现象，提高供应链同步化程度的一种有效的库存控制方法。不同于VMI集成化运作的决策代理模式，联合库存是一种风险分担的库存管理模式，地区分销中心的建立就体现了一种简单的联合库存管理思想，简单来说，联合库存管理就是基于协调中心的联合库存管理系统模式。

联合库存管理思想最先体现于地区分销中心，传统的分销模式是分销商根据市场需求直接向制造商订货，而货物到达分销商则需要一定的时间，部分顾客因为不愿意等待这段缺货时间，为了避免缺货带来的损失，分销商不得不进行库存备货，从而产生其难以承受的巨大库存成本。例如在美国，通用汽车销售500万辆轿车和卡车，推销商要维持60天的库存，其库存费用占车价值的22%。而采用地区分销模式后，大量的库存由地区分销中心储备，各个分销商只需要少量的库存，从而减轻了分销商的库存压力。地区分销中心的实质是将分销商的一部分库存转移过来进行管理，从而起到了联合库存管理的作用。基于此，我们对现有供应链进行扩展和重构，就形成以协调为指导中心的联合库存管理模式，如图3.4所示。

从纯粹的供应链整合理论来看，在把产品从制造商运送到零售商的过程中，库存环节越少越好。从图3.4可以看出，从物理上把制造商库存和分销商库存结合成为产销联合库存，对其进行统一管理，将大大减少库存量。联合库存管理强调各个节点企业同时参与，共同制定库存计划，使供应链上的每个库存管理者都从相互之间的协调性考虑，保持供应链相邻的两个节点之间的库存管理者对需求的预期保持一致，消除了需求变异放大现象，从而充分利用了供应链资源。

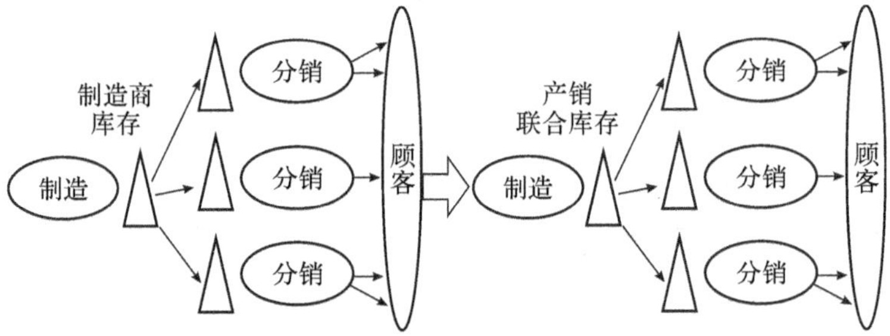

图 3.4 从制造商库存管理的供应链管理模式转变为产销联合库存管理的供应链模式

(三)供应商管理库存(VMI)

流通领域中,传统的库存模式是各个部门根据本部门利益最大化来制定库存控制策略,因而不可避免地产生需求扭曲现象,也即"牛鞭效应"。为了可以快速响应客户的需求,提高客户的服务水平,同时减少由于需求不确定性而带来的高库存水平,并优化供应链的整体库存水平,就产生了 VMI 管理模式。

VMI(Vendor Managed Inventory)管理系统就是指由供应商管理用户库存,是连续补货的方式之一。所谓"连续补货"是指供应商与零售商建立伙伴关系,两者共享零售商的库存数据和销售信息及目前的存货水准,供应商根据这些数据和信息再依据预先制定的存货水准对零售商进行补货的过程。在连续补货的环境下,供应商不再是被动地执行零售商的订单,而是主动地为零售商补货或提出建议性的订单,以降低补货成本,提高供货速度和准确性,降低库存水平。

VMI 的主要思想就是实施供应厂商一体化,供应商在用户的允许下设立库存,零售商商品数据的任何变化随时传递给供应商,供应商根据这些数据决定未来的货物需求数量、库存水平和补给策略,拥有库存控制权。借由销售资料得到消费需求信息,供货商可以更有效地计划、更快速地反映市场变化和消费者的需求。策略实施中体现了合作性、互惠、目标一致性和连续改进等原则,因此 VMI 可以用来降低库存量、改善库存周转率,进而维持库存量的最佳化,而且供货商与批发商通过分享重要信息,双方都可以改善需求预测、补货计划、促销管理和运输装载计划。

实施供应商管理用户库存策略时,需要改变传统的订单处理方式,建立基于标准的托付订单处理方式。也即由供应商和批发商一起确定供应商的订单业务处理过程所需要的信息和库存控制参数，建立一种订单的处理标准模式，如EDI标准报文，最后把订货、交货和票据处理各个业务功能集成在供应商一边。

供应商管理库存的系统的实施需要以下步骤：

1. 需求预测计划，即建立顾客情报信息系统，通过统计工具的设定来确认来自顾客的实际需求，目的是要协助供货商掌握需求变化的有关情况，确定销售商品种类、销售对象、销售价格、销售时间等。

2. 建立销售网络管理系统。目的在于保证自己的产品需求信息和物流畅通，有效地管理库存。

3. 建立供应商与分销商的合作框架协议，即补货配送计划。主要是确定处理订单的业务流程以及相关库存控制参数，如最低库存水平、库存信息传递方式等。目的是通过实时库存的配置和销售需求计划，指派可利用的成品库存以平衡顾客服务需求，改善对顾客服务，并降低库存水准及运输成本。

综合起来，VMI系统的运作流程实际上是供应商通过建立顾客需求预测，并通过与分销商建立合作协议，将配送活动及订单处理整合于持续补货循环的过程，其流程如图3.5所示。

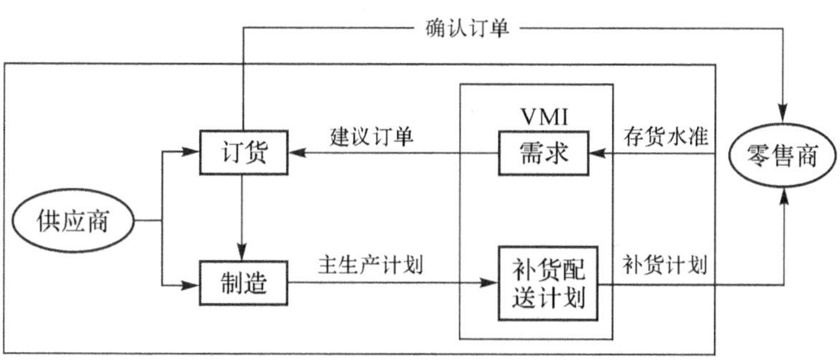

图3.5　VMI概念性动作构架

从流程图可以看出，此过程可简单叙述为：依照顾客的存货水准及销售状况进行需求预测计划，经统计计算后提出建议订购量；依照建议订购量，订单管理系统发出补货通知单，由客户进行订单确认；依照订单管理系统，制造管理系统排定主生产计划，以计划排定配送计划；依照配送计划将补货计划通知客户并进行实际补货。

（四）协同规划、预测与补给（CPFR）

由于库存管理在供应链管理中的重要性，国外相继出现了几种先进的库存管理技术，如20世纪90年代初的VMI技术和JMI技术。VMI以系统的、集成的管理思想进行库存管理，避免了供应链上的节点企业各自为政、条块分割式库存管理的弊端，使供应链系统能够获得同步化运行，保证供应链的整体库存优化；JMI是一种基于协调中心的库存管理办法，是为了解决供应链系统中由各节点企业的相互独立库存运作模式导致的需求放大现象，为提高供应链的同步化程度提出的。近几年的实践证明，VMI和JMI是比较先进的供应链库存管理办法。但是，VMI和JMI也存在如下缺点：(1)VMI是单行的过程，决策中缺乏协商，难免造成失误；(2)VMI系统中，财务计划在销售和生产预测之前完成，风险比较大；(3)VMI系统中，供应链没有实现真正的集成，使得库存水平较高，订单落实速度慢；(4)促销和库存补给没有很好地协调起来；(5)当发现供应出现问题时（如产品短缺时），留给供应商的反应时间太短，很难有效及时地解决问题；(6)JMI过度地以客户为中心，使得供应链的建立和维护成本较高。

针对VMI和JMI的不足，20世纪90年代末出现了一种新的供应链管理技术——CPFR模型，即协同规划、预测与补给（Collaborative Planning, Forecasting & Replenishment，简称CPFR），是一种协同式的供应链库存管理技术，它能同时降低销售商的存货量，增加供应商的销售量。CPFR最大的优势是能及时准确地预测由各项促销措施或异常变化带来的销售高峰和波动，从而使销售商和供应商都能做好充分的准备，赢得主动权。同时CPFR采取了一种"双赢"的原则，始终从全局的观点出发，制定统一的管理目标以及方案实施办法，以库存管理为核心，兼顾供应链上的其他方面的管理。

基于全局的管理思想和对VMI和JMI缺点的弥补，CPFR简化的运作框架产生了，如图3.6所示。

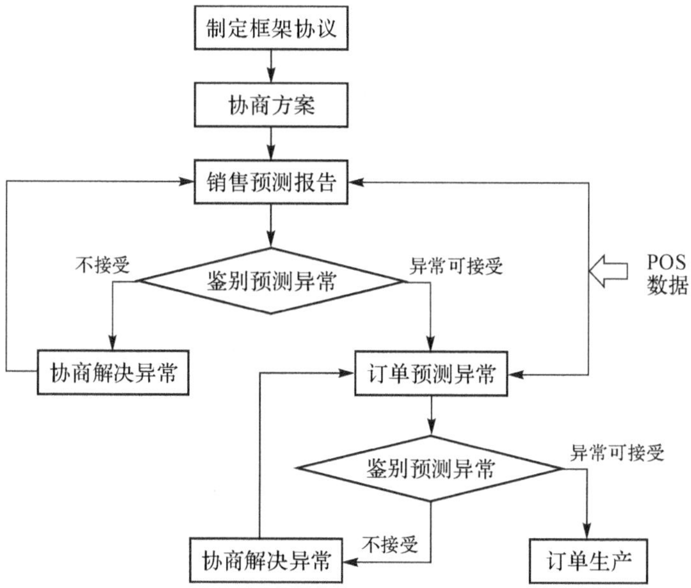

图 3.6　CPFR 运作框架

第三节　服务质量相关理论

一、顾客感知服务质量理论

(一)顾客感知服务质量理论的提出

关于服务质量的研究始于 20 世纪 70 年代后期，这个领域已经吸引了大量的学者并形成了相当数量的研究成果。通过文献梳理，可以把服务质量研究划分为三个阶段：第一阶段，以北欧学派为代表，主要解决了服务质量的含义、具体特性，明确了研究对象；第二阶段，以 PZB（英国剑桥大学 Parasuraman，Zeithaml 和 Berry 三位教授）为代表，主要解决了服务质量如何评价、如何改进、如何付诸管理实践的问题；第三阶段，服务质量研究的重心转移到了探究服务质量与顾客满意度的关系等战略层面的问题上。

服务本身相对产品而言具有的多种特殊性，决定了服务质量是一个与产品质量量化指标不同的抽象概念。服务的独特性质通常被概括为无形性

(Intangibility)、异质性(Heterogeneity)和不可分离性(Inseparability)。无形性导致大多数的服务不能被统计测量,在服务生产出来之前也不能对其进行检验,因而服务供应商也很难了解消费者对服务的评价;服务中所包含的大量劳动导致了服务的异质性,因此会出现供应商所提供的服务与消费者所期望的服务存在差异的情况;服务也具有不可分离性,因为消费者也会参与到服务的提供过程中,消费者的输入将在很大程度上影响服务的质量,因此服务的提供过程不能像物质的提供那样可以分别进行,即服务具有不可分离性。服务质量是由顾客对服务的感知决定的,因此服务质量是一个复杂的集合体,对服务质量的衡量并不是只测量服务这一项指标,而是对构成服务质量的多个具体要素进行评价。

早在1978年,Sasser等人就明确地指出:服务质量不仅包括最后的结果,还包括提供服务的方式,强调了衡量服务质量必须从服务的不同属性出发。其后,诸多学者将服务质量的相应属性进行了讨论与归类,并提出了各种各样的看法。然而,影响最为深远的要数顾客感知服务质量(Perceived Service Quality),最早提出这一概念并对其内涵进行科学界定的学者,当为北欧学派代表人物、芬兰瑞典语经济管理学院的克里斯汀·格罗鲁斯(Christian Gronroos)教授。

格罗鲁斯根据认知心理学的基本理论第一次提出了顾客感知服务质量的概念,将服务质量与有形产品的质量进行了界定与区分,并对顾客感知服务质量的构成进行了详细的研究,为顾客感知服务质量评价方法的产生奠定了基本的理论框架。格罗鲁斯认为服务质量是一个主观范畴,它取决于顾客对服务质量的期望(即期望服务质量)同其实际感知的服务水平(即体验的服务质量)的对比。顾客对服务质量的理解常常基于他们对服务质量的感知,其好坏程度取决于所感知服务质量和预期服务质量两者的符合程度。因此,管理者必须认识到,质量必须由顾客来认可,必须按照顾客感知的服务质量来界定质量的内涵。如果把质量定义得过于狭窄,如仅仅把服务的技术特征作为最重要感知质量,那么质量规划和改进就会发生偏差。

格罗鲁斯的顾客感知服务质量模型对服务最本质的特征进行了科学的解释,说明了决定服务质量水平的要素不仅仅是服务结果,更重要的是服务过程质量。这是第一次有人对服务质量的内涵和构成做出更深刻的研究，虽然在此之前，人们已经认识到服务质量与有形产品质量之间有所区别。

作为最早产生的服务质量模型，格罗鲁斯所创建的顾客感知服务质量模型与差异分析的方法，为理论界和实务界了解服务的特性提供了一个基本的理论框架。格罗鲁斯在这个领域对后来的学者影响深远，包括服务管理领域代表人物 PZB 提出的服务质量模型，都从格罗鲁斯的模型中汲取了许多养分。

（二）PZB 顾客感知服务质量模型

PZB 三位学者对于服务质量的改进以及实施高服务质量所面临的问题进行了研究，认为服务质量是消费者对组织整体优越度的衡量，是一种态度，但不等于满意度，由消费者对服务的期望和认知比较而来。他们提出 SERVQUAL 服务质量尺度，并采取深度访问方式，以银行、长途电话公司、证券商、信用卡及产品维修等五个行业的消费者为调查对象，于 1985 年发表了他们三人合著的里程碑式文章《服务质量：一个概念性模型及其在未来研究中的应用》。在该论文中，PZB 在格罗鲁斯的研究基础上提出了服务质量差距模型。SERVQUAL 是一种用来测度服务质量的特定技术和方法，其核心是利用来自顾客对服务的期望和感知信息来判断服务质量，它是建立在顾客感知服务质量的相关理论基础之上的。PZB 模型为服务质量管理理论进一步向纵深方向发展提供了理论依据，直到今天该模型仍然被认为是服务管理理论研究领域最为重要的成果之一。

PZB 提出了差距模型和 10 个因素，认为影响感知服务质量和顾客服务感知的维度有可靠性、响应性、能力、可接近性、礼貌、沟通、可信度、安全性、理解、有形性 10 个因素，共包含 97 个测试项目，同时指出这些因素和项目需要进一步的实证研究。在 1988 年，PZB 通过两个阶段的实证研究，把量表的项目库由 97 个项目先精简为 54 个项目，后又压缩为 34 个项目，最终由 10 个维度简化为 5 个维度 22 个项目，这些维度是：有形性、可靠性、响应性、保证性（能力、礼貌、可信度、安全性）和移情性（理解、沟通、可接近性），至此形成了被广泛使用的 SERVQUAL 量表。在测量感知服务质量的过程中，成为一个被广泛接受的工具。SERVQUAL 量表被认为有很好的信度和效度，可以用于改善服务质量，可以阶段性地考察服务质量趋势，可以评估特定企业的每个维度的服务质量和最终质量，能明确影响服务质量感知的维度的相对重要程度。具体如图 3.7 所示。

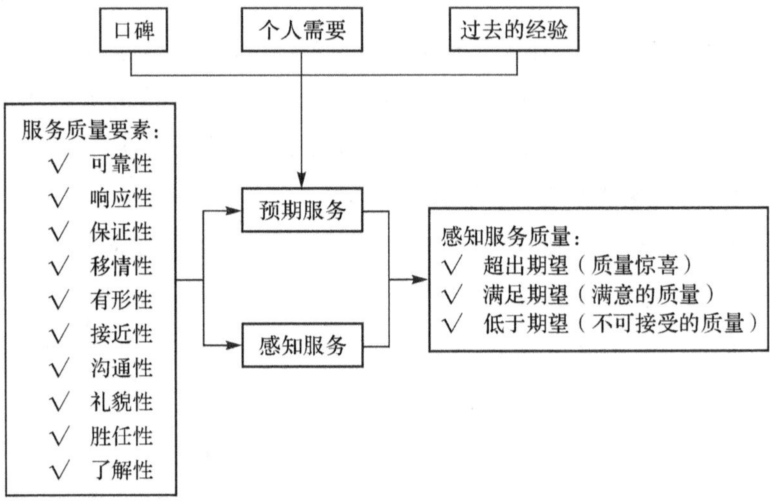

图 3.7 PZB 的顾客感知服务质量的构成

PZB 认为服务质量感受来自服务提供者提供的服务与顾客或用户对服务的期望进行比较的结果。“只有顾客或用户才能评价质量，其他所有的评判都是不中肯的。”因此，必须从服务对象的角度对服务质量进行评估。由此可见，顾客对服务质量有着绝对的发言权，顾客感知的服务质量，取决于他们对服务机构的期望和与服务机构的直接接触。在接受服务之前，每位顾客都有自己的需求与期望，这种期望受到过去的经验、社会舆论、服务提供机构的形象和口头宣传等影响。在接受服务之后，顾客对提供的服务质量有了实际的感受，而顾客的感受与顾客对服务的期望之间的差异程度，就决定了服务质量的高低。服务质量被反映为感知的服务与期望的服务之间的差异的函数，如果感知低于期望，函数值为负，表明顾客认为所接受的服务质量差，就会不满意；感知与期望相匹配，函数值趋近于零，顾客认为所接受的服务质量好，表现为满意；感受超过期望，函数值为正，表明顾客认为所接受的服务质量水平很高，非常满意。

从 1985 年开始，在 PZB 所进行的研究中，考虑到服务的内容以数据的形式表现出来，同时也可以将组织的服务和竞争对手进行比较，他们对差距进行了深入的研究。由于服务质量最终是在提供服务的过程中实现的，因此对服务质量的评价就转化为计算期望服务（Expected Service）与感受服务（Perceived Service）之间的得分差异，从而将服务质量以明确的数据呈现出来。如图 3.8 所示。

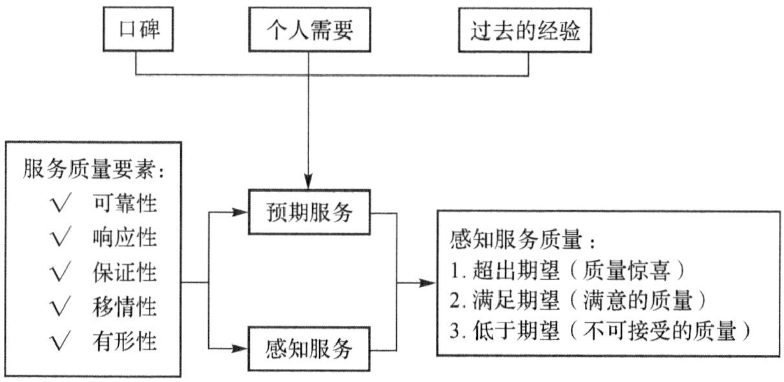

图 3.8 PZB 服务质量差距模型

据此，他们提出了公式 $Q=P-E$。其中，P 值代表顾客对所获得的服务的评价，即感知服务；E 值代表在接受服务之前顾客对将要获得的服务质量的期望，即期望服务；Q 表示对这一服务提供者或服务过程的服务质量的评判。那么，根据感知服务质量的决定因素模式，一般可得到三种服务质量关系，即 $P>E$，期望服务大于感知服务，消费者觉得服务质量不好、不满意；$P=E$，期望服务等于感知服务，消费者觉得服务质量尚可、满意；$P<E$，期望服务小于感知服务，消费者觉得服务质量很好、很满意，为质量惊喜。

二、服务营销理论

西方学者从 20 世纪 60 年代开始研究服务市场营销问题。1966 年，美国的约翰·拉斯摩(John Rathmall)教授首先对无形的服务产品同有形的实体产品（包括产业用品和日用消费品）进行区分，提出要以非传统的方法研究服务产品的营销问题。1974 年由拉斯摩所写的第一本论述服务市场营销学的专著在美国出版。他进一步明确指出，把现有的营销概念、模型和技巧应用于服务领域显然是行不通的，必须建立服务导向的理论架构。不过，当时重视这些问题并开展有关研究的学者甚少。直至20世纪70年代中后期，美国及北欧地区才陆续有市场营销学者正式开展服务市场营销理论的研究工作，并逐步创立了较为独立的服务营销学。值得注意的是，传统的营销理论主要是根据北美市场的经验而总结发展起来的，但是对于服务市场营销学的理论探讨，北欧以格罗鲁斯(Christian Gronroos)和赫斯基(James Heskett)为代表的诺迪克学派(Nordic School)起了巨大的推进作用。他们提出的有关服务质量及服务营销管理的理论成为服务营销学的重要理论支柱。

在过去20年里，国内外学术界加强了对服务营销和服务组织管理的研究，充分地认识到服务在经济发展和组织管理中的地位和作用，并认为市场营销应当从产品导向转到服务导向。同时，我国学者(郭国庆，1989；李海洋，1997等)极为关注国外有关服务营销的研究，并将国外服务市场营销学几十年来的发展历程，大体上分为如下四个阶段。

(一)界定服务产品特征阶段

继拉斯摩的研究之后，在1977年至1980年这段时间，营销学者的研究主要是基于服务同有形产品的比较，识别并界定服务的特征。贝特森(Bateson)、白瑞(Berry)、拉夫罗克(Lovelock)、朗基尔德(Langeard)等学者准确地归纳和概括出了服务的特征，包括不可感知性、不可分离性、差异性、不可贮存性以及缺乏所有权。我国学者郭国庆教授在1996年出版的《市场营销学》(武汉大学出版社)一书中对服务的特征做了类似的描述，而在1999年出版的《市场营销学通论》(中国人民大学出版社)一书中，又将服务的主要特征表述为无形性、相连性、易变性、时间性四大特征。这一表述颇具创新意识，引起学术界的关注。

(二)探究服务产品购买者行为阶段

第二阶段的研究完全建立在第一阶段的研究成果之上，在20世纪80年代前半期，主要探讨服务产品的特征如何影响消费者的购买行为，尤其是集中于消费者对服务产品的特质、优缺点以及潜在的购买风险的评估。其中以西斯姆(Valaire Zeithmal)于1981年在美国市场营销协会学术会议上发表的《顾客评估服务如何有别于评估有形产品》一文为代表。另外，服务市场营销学者也探讨了服务产品的特征对其营销战略的制定和实施是否有特别的影响与意义，探讨了服务市场营销学是否有别于消费品或产业用品市场营销学。

同时，不少市场营销学者还专门探讨如何根据服务产品的特征将其划分成不同的种类，他们认为，不同类型的服务需要市场营销人员运用不同的营销战略和技巧来进行推广。比如，萧斯塔克根据产品从可感知向不可感知的变化过程来区分服务产品，提出了可感知性与不可感知性差异序列理论；戚斯则根据顾客参与服务过程的程度把服务区分为“高卷入服务”和“低卷入服务”；贝尔利用不可感知性的程度与服务产品是否为顾客定制对服务产品进行分类；拉夫罗克则根据服务产品的生产过程、会员制度以人提供服务或者是以机器提供服务等不同的变量，提出多种区分服务产品的方法。

在这一阶段，美国的服务市场营销学者在亚利桑那州立大学成立了“第一跨州服务市场营销学研究中心”，成为北欧诺迪克学派之后的又一个服务市场营销学研究中心，它标志着美国市场营销学者对服务市场营销学研究的深入。

(三)研究服务质量与营销组合的阶段

20 世纪 80 年代的后半期，西方服务市场营销学的发展进入第三阶段。在这一阶段，营销学者更加集中于研究传统的营销组合是否能够有效地用于推广服务，服务营销需要有哪些营销工具。营销学者逐步认识到了“人”在服务的生产和推广过程中所具有的作用，并由此衍生出了两大领域的研究，即关系市场营销和服务系统设计。在此期间，学术界着重探讨了两方面问题：一是人在服务市场营销中的角色；二是服务质量与服务接触。

需要指出的是，有别于前两阶段的研究，在本阶段学术界开始利用实证方法验证和创新理论。事实上，前两阶段的研究基本上停留在概念的层面上，学术界很少搜集实际数据支持所提出的理论，从而在客观上降低了理论的说服力。而在本阶段这一情况则有了根本的转变。

(四)确立服务营销组合与跨学科研究阶段

从 20 世纪 80 年代后期开始，越来越多的营销学者认为有效的服务产品市场策略应包括七种变量，即在传统的产品(Product)、价格(Price)、分销渠道(Place)、宣传(Promotion)和策略(Strategy)基础之上，又增加了实物证据(Physical Evidence)、人(People)和服务过程(Process)，从而形成服务营销

7P 组合。这也标志着服务市场营销学的发展开始步入第四阶段，其研究范围也扩大至围绕 7P 所进行的理论研究。此外，还探讨了一些特殊的市场营销论题，例如服务产品价格理论与测定、服务产品的出口策略、信息技术对服务产品的生产、管理以及营销过程的影响等。

随着 7P 组合的引进，学术界及企业界又进一步认识到，如果要有效地制定和执行 7P 组合策略，单从市场营销学的角度进行分析及提供意见是远远不够的。他们纷纷指出，要使服务市场营销学的研究取得理论上的重大突破，加强跨学科的研究是至关重要的。也就是说，研究人员应从不同的学科角度，如人事管理学、生产管理学、社会学以及心理学等，观察、分析和理解服务行业内所存在的各种市场关系。因此，这一阶段的研究除了继续对前些阶段提出的理论和模式进行补充与发展之外，学术界开始进行了多样化的、与 7P 有直接或间接关系的研究，这包括内部市场营销、服务企业文化、员工满意、顾客满意和顾客忠诚、全面质量管理以及服务产品的设计及其市场定位策略等。显然，这些研究体现了服务市场营销学自 20 世纪 90 年代以来新的发展变化趋势。

三、全面质量管理相关理论

全面质量管理的基本特征是以过程为中心、以顾客为关注焦点、重视领导作用，旨在质量的持续改进。全面质量管理的代表性理论包括全面质量管理理论、零缺陷管理理论和六西格玛管理理论等。

（一）全面质量管理理论（TQM）

全面质量管理理论是全面质量管理阶段最具代表性的理论，由费根鲍姆（Feigenbaum）和约瑟夫·M. 朱兰（Joseph M. Jun）提出，他们在《全面质量管理》（1961）一书中，明确指出："全面质量管理是为了能够在最经济的水平上并考虑到充分满足用户需求的条件下进行市场研究、设计、生产和服务，把企业各部门在研制质量、维持质量和提高质量方面的活动构成一体的有效体系。"

为此，他提出了一个三步骤的过程以改进质量，其中包括质量领导、质量技术和组织承诺。质量领导是质量改进的驱动力；质量技术包罗了可用来改进技术的统计学与机器；组织承诺则是企业中的所有人均需要致力于质量改进。此理论涵盖企业生产过程的各个阶段，通过计划—执行—检查—行动

(PDCA)四个阶段的承接和不断循环,实现产品质量的持续改进。

1.全面质量管理的内容

全面质量管理的核心就是将全面控制的思想贯穿到企业或组织质量管理的全过程中,同时采取以事前控制为主、检验为辅的方法,采用数理统计的方法对有关质量的全过程进行控制。“三全一多样”是对全面质量管理内容最好的概括,它包括全员参与、全过程控制、以组织或企业的全范围为对象,并采取多种方法进行质量管理。

(1)全员参与。就是要对组织或企业的全体员工进行教育与培训,以增强质量意识、工作能力,并达到自我管理的目标。同时还要对与质量相关的部门与岗位的质量职责进行明确,从而激发全员参与质量管理的积极性与创造性。

(2)全过程控制。将事前质量控制的思想贯穿到企业经营管理活动的每一个环节,树立为顾客服务的思想。在这里顾客不仅仅是指组织或企业的外部消费者,而且还指下一工序或下一个环节。

(3)以组织或企业的全范围为对象。即全面质量管理不仅要对产品的质量进行控制,而且要对与质量有关的工作、服务、成本、风险等方面质量进行控制。

(4)多方法。进行全面质量控制必须采取多种方法,这源于影响质量的因素有着复杂性的特点,既可能是内部因素,也可能是外部因素,还可能是人为和技术因素。因此对这些因素必须采取全面的、系统的、多方法的质量管理方式。

2.全面质量管理的原则

质量管理的八项原则也是全面质量管理的原则与指导思想。

(1)以顾客为关注焦点。其核心意涵是组织依存于顾客,因此,组织或企业必须对顾客当前和未来的需求有准确的理解与把握,并以此作为组织或企业工作的第一考虑要素。顾客的需求并非一成不变,而是随着时间与环境的变化而变化,对此组织或企业必须不断地去把握顾客的需求,以此调整组织或企业的目标与行动,提高顾客的满意度与忠诚度。

(2)领导作用。组织或企业的领导者应当依据面临的内外部环境,发挥其在质量管理体系建立、维护和改进中的领导作用,确保目的与方向相一致,并为员工的参与创造有利的内部环境与氛围。

(3)全员参与。人力资源是企业最大也是最独特的资源,只有组织或企业全员参与到全面质量管理活动中,才能为组织或企业带来最大的利益。

(4)过程方法。为快速达到期望的效果,将与质量有关的活动和企业资源视为过程进行管理,就是过程方法。

(5)管理的系统方法。以系统的方法,将组织或企业中为实现质量目标而有关的、相互联系的一组要素进行综合考虑,可以提升实现质量目标的效率。

(6)持续改进。持续改进是实现全面质量管理的重要思想,使组织或企业对自身业务流程或过程进行持续不断的改进,以满足不断变化顾客需求。

(7)基于事实的决策方法。企业的全面质量管理活动中,必须对各种数据信息进行科学的分析,掌握事实的真相,才能做出对全面质量管理有利的决策。

(8)与供方的互利关系。产品的实现是社会分工专业化的结果,只有与供应商保持密切的、互惠互利的关系,才能实现共同创造价值、获取价值的目的。

(二)零缺陷管理理论

零缺陷管理理论由美国质量管理大师菲利浦·克劳斯比(Philip Crosby)在20世纪60年代提出。零缺陷管理的目的在于提升产品和服务的可靠性,解决“确保质量”与“按期交货”的矛盾,因此,也被称为“缺点预防”。

1.零缺陷质量管理内涵

零缺陷质量管理基于科学的哲学理论产生,依存于企业内部文化,在质量管理中引入市场经济法则,体现了经济学的基本要求。零缺陷质量管理的内涵主要体现在一个核心、两个基本点、三个需要、四项基本原则、五种卓越工作结果等方面。

(1)一个核心,是指质量工作的标准应该是零缺陷,这与传统的质量工作标准是“可接受的质量水平”完全不同,它的要求更高,也更真实反映人的心智在质量管理中所起到的作用。零缺陷管理认为“过程”就是所有的工作。

(2)两个基本点,是指要创建成有用的(以客户为中心、结果导向)和可信赖的(说到做到、次次做到)组织。

(3)三个需要,是指任何组织的存在都是为了提供解决方案,来满足客户、员工和供应商需要。

(4)四项基本原则，即明确需求、做好预防、一次做对和科学衡量。这是其思想的最精华体现。

(5)五种卓越工作结果，包括客户满意度与忠诚度、员工工作动力与满意度、财务绩效与利润增长、生产效率和社会责任。

第一，它强调质量是符合要求，而不是“好”；第二，预防强调产生质量的系统，而不是“检验”；第三，指出质量的工作准则是零缺陷，而不是“差不多”；第四，指出质量是用不符合要求式的代价（如人工时间）来衡量的，而不是“指标”。

从上面看出，零缺陷强调质量管理是一个管理问题，不是一项技术活动，这样更深层次地挖掘了问题产生的根源，有助于问题的实质性解决；另外，零缺陷指出质量可用某种代价（诸如时间）来衡量，把质量用人们最关心的方式表达出来，评价的效果更显著；零缺陷管理是对传统质量管理理念的挑战，它的出现将让大家用一个全新的视角去看待质量问题，为大家解决传统质量管理所不能解决的问题提供方法。

2.零缺陷质量管理中心思想

第一次把正确的事做正确是零缺陷质量管理的中心思想，包括三个层次的内容：战略与政策（正确的事）、运营与控制（正确地做事）、效率与能力（第一次）。有两个基本点，即有用的和可信赖的，管理的基本目标就是创建可信赖的和有用的组织，“有用的”表示工作的输出是顾客愿意付费的，“可信赖的”表示所有的工作和交易都一次做对，与员工、供应商和顾客的关系都是成功的。有三个需要，即组织的目标是提供客户、供应商和员工需要的满足或解决方案，要求管理者必须清晰描述三个需要，采取措施，坚决执行，来取得业务的成功和系统的成功。

零缺陷管理是期望在不完美的状况下（人总是要犯错误），得到零缺陷的产品；期望通过致力于细节和避免错误达到零缺陷的目标。保障手段是培养人们知道如何做好工作和能够一次做好工作，主张抓质量主要是抓住根本，抓住人，提高了人的素质，质量才能真正获得提升。

(三)六西格玛管理理论

六西格玛管理理论于1986年由摩托罗拉公司的比尔·史密斯(Bill Smith)提出,该理论十分强调流程的重要性,主张通过测量每一个特定的过程偏离完美的程度,修正产品和服务生产流程,降低事后质量弥补的经费支出。GE公司的前任CEO杰克·韦尔奇先生也对六西格玛管理有如下定义:对于产品品质,就是需要使产品超越顶级的事物,并不是只局限于产品比其他产品更好一点而已,这就是六西格玛管理需要做的。由此可见,六西格玛管理是提高客户满意度以及提高企业效益重要的战略途径,它属于一种全新的管理模式,是能够为企业提高市场竞争力的重要经营管理方式。

六西格玛的管理方法最主要的管理理念并不是用于改变系统的运行流程,而是对于系统中的某个环节出现的问题进行项目分析,从而提高系统运行效率。系统中的六西格玛管理方法主要分为定义阶段(Define)、测量阶段(Measurement)、分析阶段(Analysis)、改善阶段(Improvement)和控制阶段(Control)五个方面。

将这五个方面整合在一起就是DMAIC法,它是一个逻辑的过程循环,它的出现是在几十年的质量管理中通过实践和发展而来的。它是将客户需求作为主要的关注点,并结合企业的经营目标和客户满意度,全面提高企业的产品质量,它通过采用定量的数据分析以及统计学的相关知识,提供改善产品品质的解决方案,以满足提高产品性能,使产品得到持续改进为主要的目的,在生产过程中减小产品之间的品质差异,降低产品不良带来的使用风险,达到减少生产成本以及缩短生产周期等目的。在实际的生产过程中,会遇到许多的问题,一些问题也无法遵循一般的规律进行解决,有时这些问题的界限也很难划分,它们之间会存在相互交叉、相互影响、相互干涉的问题。因此在解决实际问题时,就需要灵活使用六西格玛的管理方法和步骤。

六西格玛管理通过全面的系统管理,并结合系统的发现、分析、解决问题的方法和步骤,即DMAIC改进方法进行质量管理,具体系统改进流程如下。

1. 定义阶段(Define)

该阶段主要用于对客户进行分析,找到客户所需的关键指标,并界定出品质管理所需要的核心要素,确定重要的数据标准。

2. 测量(Measurement)

该流程用于在生产流程中建立衡量的基本步骤。进行测量的人员需要具有概率学与统计学知识,能够对重要数据进行测量和分析。这个流程需要有六西格玛理论实施经验的人作为主导人员,对重要数据进行测量和计算分析。针对复杂的演算过程,有经验的人员能够降低重复计算次数,并减少复杂计算所耗费的时间。

3. 分析(Analysis)

从测量中探究出现数据误差的根本原因。结合统计学知识,采用各种图表分析所检测的指标存在的潜在变量,发现出现异常的根源。

4. 改善(Improvement)

对关键数据的变异找出最合理的解决方案,并将其制定为改善计划,落实改善流程,在这个过程中需要通过多次的测试,以检验改善方案是否可以达到最佳的效果,保证最终改善方案的落实。

5. 控制(Control)

该过程需要保证所制定的改善方案能够满足生产需求,并在不断地测试和调整下避免再次出现问题,控制流程也是最终确定质量改善以及成本管控的关键过程。

第四章　跨境电商保税仓物流服务发展现状及存在的问题

第一节　跨境电子商务发展现状

一、发展现状

(一)行业发展现状

近年来,随着经济全球化的快速发展,我国进出口贸易大幅增长,电子商务普及,人民生活水平不断提高,消费结构持续升级,对商品的品类和质量提出了更高的要求,更多的消费者热衷于购买海外商品。另外随着跨境电商平台的增多、物流配送的完善以及电子支付的成熟发展,跨境电商市场不断规范化。这些都使得我国跨境电商得以迅猛发展并具有巨大的发展前景,如图4.1、图4.2所示。

1.政府政策扶持跨境电商发展。为使我国跨境电商保持稳定的增长势头,自2004年起,我国政府便颁布了一系列的政策。2004—2008年,电商行业规范初步实施,在这个阶段主要侧重于行业的规范;2008—2013年,10多项涉及物流、支付、管理等跨境电商的政策相继颁布,完善了行业规范;2014年之后,国家增加多项跨境电商扶持政策,并设定了多个试点运行城市,大力推进电商的运行和发展。

2.交易平台发展迅猛。跨境电商的飞速发展与交易平台的支持与推动密不可分。一个具有一定规模、实力雄厚的交易平台不仅可以为跨国贸易提供良好的机会,还可以提升电商的品牌知名度,为企业获得利益。近年来,我国的电商交易平台迅速崛起。环球资源、敦煌、阿里巴巴等B2B网站是跨境电商发展成功的典范,在海外均具有很高的知名度。Amazon、eBay、速卖通等新型的B2C跨境电商网站也迅速发展,为跨境交易的进行提供了稳定、安全的平台。

3.打破传统外贸行业发展壁垒。订单流程烦琐、周期长,地域局限,利润低是传统型外贸交易存在的问题,严重制约了我国中小型企业的贸易发展。作为新时代互联网运营模式的新发展,跨境电商不仅打破了批发商、零售商、进口商的垄断地位,突破了传统型制约进出口贸易的发展模式,而且重塑了国际贸易结构,使零售商、批发商与企业直接接触,有效地减少了中间环节,节约了流动资本,提高了效率。

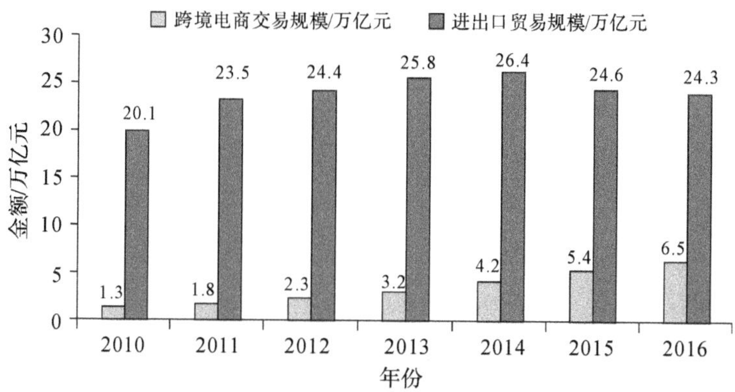

图4.1 2010—2016年中国进出口贸易与跨境电商交易规模

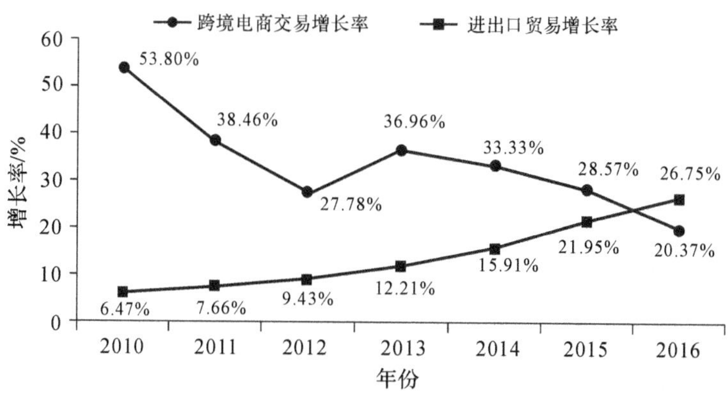

图4.2 2010—2016年中国跨境电商交易增长速度及占进出口贸易额比例

4.现代服务业已具有一定规模。由于跨境电商的迅速发展，相关法规的不断完善，交易平台的不断扩大，物流技术、支付技术的不断突破，我国的跨境电商发展至颇具规模，并带动了快递、海外仓等行业的协同发展。

(二)政策支持现状

近年来，庞大的市场需求为我国跨境电商带来前所未有的发展机遇。国内各大电商巨头依托其已有优势在跨境电商领域快速崛起。中国跨境电子商务相关政策的密集出台，为跨境电子商务产业的发展创造了良好的环境。商务部资料显示，从2012年3月商务部颁布《关于利用电子商务平台开展对外贸易的若干意见》以来直到2017年，国家多个重要部门相继颁布对应政策支持跨境电商的发展。这些政策深入跨境电商的方方面面，大到总体制度、环境建设，例如开展跨境电子商务综合试验区试点，小到跨境电商的具体环节，例如税收、外汇、检验检疫、海关监管、支付、通关、海外仓等方面，不断优化的政策环境为跨境出口电商的进一步发展扫除障碍，并创造了各种有利条件推动其快速发展。

2014年是跨境电商元年，海关总署接连发布“56号”和“57号”文件，从政策层面上承认了跨境电子商务，也认可了业内通用的保税模式。在此之前，跨境电商行业被人们简单地理解为海淘，主要运作方式是个人或者中小企业代购、转运，在这种行业环境下关于跨境电商发展的一系列问题也浮出水面，如商品的质量问题，偷税漏税问题。随着国家政策的支持，越来越多的市场主体进入跨境电商领域。2016年3月24日，财政部、海关总署、国家税务总局联合发布《关于跨境电子商务零售进口税收政策的通知》，4月7日财政部、发改委、工业和信息化部等11个部门共同公布《跨境电子商务零售进口商品清单》。但在执行上述文件的过程中出现一些问题，需要延长过渡期予以规范。2017年9月，国务院将跨境电商监管过渡期政策延长一年。同年11月，经国务院批准，部分消费品进口关税进一步降低。2017年3月，在《政府工作报告》中，“跨境电商”作为政府工作重点被重点提出，同时被提及的还有“海外仓”，如“要鼓励商业模式创新，扩大跨境电子商务试点，支持企业建设一批出口产品海外仓，促进外贸综合服务企业发展”。进入2018年，关于跨境电商的政策又有新的风向，跨境电商利好纷至沓来。全国两会上正式宣布了海关和商检的合并，使得跨境电商在通关、报检便利化方面有了很大的进展，并为跨境电商进一步发展奠定了很好的基础。另外，由美国挑起的中美贸易利差更是促使国家有关部门考虑从跨境电商领域向其他的方向突围，制定更加优惠、更具有激励效果的政策和措施。国务院办公厅、海关总署、人民银行以及国家外汇管理局等多个部门出台了一系列文件，本书选取其中的部分文件，具体如表 4.1 所示。

表 4.1　跨境电商政策汇总

文件名	颁发日期	颁发单位
《关于跨境贸易电子商务进出境货物、物品有关事宜的公告》	2014 年 7 月 23 日	海关总署
《关于增列海关监管方式代码的公告》	2014 年 7 月 30 日	海关总署
《关于加强进口的若干意见》	2014 年 11 月 6 日	国务院办公厅
《支付机构跨境外汇支付业务试点指导意见》	2015 年 1 月 20 日	国家外汇管理局
《关于同意设立中国(杭州)跨境电商综合试验区的批复》	2015 年 3 月 07 日	国务院
《关于加快培育外贸竞争新优势的若干意见》	2015 年 5 月 12 日	国务院
《关于进一步发挥检验检疫职能作用促进跨境电商发展的意见》	2015 年 5 月 14 日	质检总局
《关于促进跨境电子商务健康快速发展的指导意见》	2015 年 6 月 20 日	国务院办公厅
《关于跨境电子商务零售进口税收政策的通知》	2016 年 3 月 24 日	财政部、海关总署 国家税务总局
《国务院关税税则委员会关于调整部分消费品进口关税的通知》	2017 年 11 月 22 日	国务院关税 税则委员会
《关于出口监管仓库货物出入仓清单有关事项的公告》	2018 年 7 月 6 日	海关总署

（三）发展环境

1. 政治环境

(1)国家政策红利支持跨境电商发展。近年来，国家政策鼓励跨境电商的发展，优惠政策相继出台，降低了进口商品的成本，使消费者在国内能购买与国外同等价位的商品。2013—2017 年，包括国务院和海关总署在内的国家相关部门纷纷出台或参与出台相关跨境电商政策，涉及的国家相关部门包括：国家发展改革委、财政部、工业和信息化部、农业部、商务部等17个部门，各相关部门大力支持跨境电商新兴业态的发展，并积极引导跨境电商运营的规范化。

(2)跨境电商相关法规不断完善。随着跨境电商的高速发展，国家出台了跨境电商相关政策并完善了相关流程规范，支持跨境电子商务零售出口健康发展。2018年6月2日，"跨境电商法律专题研讨会"在京举行，会议就"跨境电商政策法规解析、法律风险防控以及法律实务"进行探讨。来自政府相关部门、行业组织、法律机构及相关行业的十余名参会嘉宾在研讨会上从不同角度讨论分析了如何为跨境电商提供法律规范法律保障，并探讨了跨境电商法律风险防控等问题。2018年8月31日，受到高度关注的《电子商务法》在十三届全国人大常委会第五次会议上表决通过。来自立法机关的声音表明，这是电子商务领域的一部综合性的、基础性的法律。《电子商务法》重点规定了电子商务经营者的交易规则、平台和平台内经营者的关系、平台与消费者之间的关系，并对电子商务经营者如何进行分类，以及如何加以规制进行了描述。《电子商务法》对于保障电子商务各方的主体权益，规范电子商务行为，维护市场秩序，促进电子商务持续发展具有重要的作用。

2.经济环境

(1)中国进出口形势稳中有升。2018年，世界经济温和复苏，国内经济稳中向好，推动全年我国外贸进出口持续增长。海关总署2018年7月13日发布的数据显示，2018上半年我国货物贸易进出口总值为14.12万亿元人民币，比去年同期(下同)增长7.9%。其中，出口7.51万亿元人民币，增长4.9%；进口6.61万亿元，增长11.5%；贸易顺差9013.2亿元，收窄26.7%。上半年，我国一般贸易进出口8.33万亿元，增长12.2%，占我国进出口总值的59%，比去年同期提升2.3个百分点。上半年，我国对欧盟、美国和东盟进出口分别增长5.3%、5.2%和11%，三者合计占我国进出口总值的41%。同期，我国对中东欧16国进出口增长14.7%，高出全国整体增速6.8个百分点。上半年，我国民营企业进出口5.52万亿元，增长11.2%，占我国进出口总值的39.1%，比去年同期提升1.2个百分点。其中，出口3.57万亿元，增长7.6%，占出口总值的47.5%，继续保持出口份额居首的地位；进口1.95万亿元，增长

18.4%。总的来看，上半年我国外贸进出口稳中有进，结构进一步优化，动力转换有所加快，质量效益稳步提高。

(2)跨境电商市场发展潜力巨大。在“新消费”观念和消费升级潮流的冲击下，商品质量更有保障的跨境电商市场交易规模保持快速增长。PayPal在其发布的《第四届全球跨境贸易报告》中指出，中国已超过美国，成为成熟海淘市场(如新加坡、法国、德国)以及新兴市场(如波兰、巴西等国)最大的海淘目的地。PayPal的报告还显示，拉美、印度等其他新兴市场的跨境网购市场仍在迅速成长，特别是印度，2018年印度跨境网购消费额增长83%，这为中国商户带来了发展机遇。随着平台物流水平和供应链打造逐渐完善，未来市场有望得到进一步扩大。

3.社会环境

(1)“中国创造”的国外市场认可度逐渐提高。从中国加入WTO到“中国制造”遍布全世界，再到“中国创造”逐渐被国外消费者所熟知，中国经济发展进入了崭新的阶段。以联想、华为为代表的优秀企业走出国门，通过自己的技术优势和优质产品不断抢占外国市场，逐渐得到了外国消费者的信任，中国企业逐渐实现了“走出去”战略。

(2)消费者购物习惯改变。发达国家的电子商务市场发展较为成熟，随着用户网购习惯已经形成，中国“物美价廉”的商品在发达国家市场具有相当强的竞争力。同时在新兴市场，“中国制造”具有相当高的市场认知度，借助跨境电子商务的快速发展，中国商家可以便捷地进行出口贸易，跨境电子商务对中国出口贸易具有非常好的带动作用。

(3)中国海淘用户规模高速增长。目前，中国网络购物市场是全球最大的网络购物市场。iiMedia Research(艾媒咨询)的数据显示，2017年中国海淘用户规模升至0.65亿人，未来预计仍能维持较高增速的增长。根据2018年Frost & Sullivan与Azoya Consulting合作发布的研究报告“The Cross-border E-commerce(Haitao) Opportunity in China”(《中国跨境电商(海淘)机会》)，中国消费者对从海外零售商的网上购物表现出强烈的兴趣和支出能力，中国平均每位网上购物者每年从海外零售商处产生的消费将近850美元。用户消费能力正在日渐提升，市场消费主力群体也逐渐过渡到80后、90后群体，该部分群体消费观念较为超前，对跨境商品消费需求明显，未来中国海淘用户规模有望继续扩大。

(4)网民追求高品质的消费观念趋势明显。根据 2018 年 iiMedia Research 的数据，超六成受访网民认同自己比以前更追求个性化、高质量、多样化的商品和服务。用户消费水平不断提高，对商品消费的需求从单纯的物质满足向追求高品质的商品发展，注重品牌的消费观念逐渐凸显。用户消费观念的转变对商品质量更有保障的跨境电商平台是良好的发展契机，优质个性化商品提供已成为跨境电商平台未来主要的竞争点。在“新消费”时代的大背景下，消费者越来越追求高品质的商品和服务，注重品牌成为大趋势，正品信任逐渐成为海淘用户考虑的重要因素。更高的质量和更低的购买假货风险是中国消费者青睐海淘的主要推动力。

4.技术环境

(1)推广服务应用。中国全面复制推广跨境电子商务信息共享、金融服务、智能物流、电商信用、统计监测、风险防控等监管服务“六体系”，线上综合服务、线下综合园区“两平台”等成熟管理经验，推动跨境电子商务驶入了快车道。跨境电商服务企业不断提升自身系统研发能力，帮助中国跨境电商企业提升营销能力，让世界重新定位中国产品，提升中国进出口业务。

(2)物流信息化建设。物流服务是跨境贸易的重要环节，由于其在跨境贸易产业链中的特殊地位，支持跨境贸易的物流企业纷纷建设海外仓，以便外贸企业提供跨境服务；区块链的分布式节点加密信息存储技术，具有难篡改的特性，可以利用区块链技术溯源跨境商品的原始信息，比如原产地、生产时间等。因此，区块链技术不仅能溯源商品原始信息，还能应用在物流上避免信息造假，以及假冒伪劣产品的进入。物流的信息化和货物可追溯技术也是物流发展的重点，物流信息化可以有效减少跨境贸易中的纠纷和欺诈行为，对跨境电子商务的发展具有非常重要的意义。

(3)电子支付业务的运用。随着跨境电子商务的快速发展，国际支付规模不断扩大。2018 年 3 月，银联国际正式推出“银联国际移动支付综合服务平台”，境外商业银行、商户、手机厂商、第三方机构等可通过该平台的 API (Application Program Interface)接口，安全、便捷地接入银联手机闪付、银联二维码等多种移动支付解决方案。该平台不仅有助于加速银联创新支付产品的境外推广，让持卡人在境内外有一致的移动支付体验，也进一步促进中国移动支付产业的服务、技术与标准“走出去”。2018 年 6 月 25 日，蚂蚁金服在我国香港上线全球首个基于区块链的电子钱包跨境汇款服务，港版支付宝 AlipayHK 的用户可以通过区块链技术向菲律宾钱包 GCash 汇款。此次 AlipayHK 与 GCash 合作，成为全球首个在跨境汇款全链路使用区块链的电子钱包，并由渣打银行负责日终的资金清算以及外汇兑换。GCash 用户在到账后能即刻消费。跨境汇款也能像境内转账一样实时到账。

(4)大数据技术的运用。在跨境贸易中，不同市场拥有各自不同的特征，商家在进行出口贸易时对国外市场的理解和把握很重要，将大数据技术运用在帮助商家理解国外市场，做有针对性的商品销售和策略方面具有非常重要的意义；大数据技术，使得准确洞察消费者需求个性化服务成为可能，通过描摹精准的用户画像，更直观地了解用户的需求，为用户提供符合其潜在需求的服务。另外，海外仓的运营，同样依赖大数据的支持。大龙网、阿里巴巴一达通、敦煌网通过跨境电商大数据采集应用，推动中小企业快速融入全球数字化贸易版图；顺丰速运、德邦货运等物流企业引入大数据优化物流系统，实现精细化物流配送管理。

二、发展特点

(一)全球电子商务发展特点

1. 传统的强国仍占据主导地位。美国电子商务的市场规模占全球三分之一，欧盟同美国市场规模相当。在美国，网购的主要内容包括书籍、音乐制品、服装、电影等，与此同时，美国移动电商增长迅速，平均增速为 7.2%。在欧洲，英国、德国和法国三者份额相加占欧洲电商市场总份额的 60%以上，且该比例呈现不断增长的态势。

2. 新兴市场增长迅猛。亚太地区的电商规模一直处于增长态势，是发展潜力最大的区域。

3. 跨境电子商务发展潜力巨大。以亚马逊为例，其营业额的 40%以上都来自北美以外的国家和地区。

（二）我国跨境电子商务发展特点

1. 总体规模增长快速。我国互联网应用人数逐年增长，具有庞大的电商消费基础群体。

2. 产品与企业的集成程度较高。我国跨境电商在服装、箱包、家电、图书、鞋等产品类型上较为集中，所占的电商销售份额较为集中。

3. 支付与物流等配套产业发展迅速。跨境电商的兴起带动了我国物流业和支付行业的发展，促进了物流运输的发展以及支付平台和支付手段的改革和创新。

4. 全新业态和模式不断涌现。例如，手机购物等移动电子商务的快速发展给跨境电商发展带来了全新的思路。此外，线上与线下互相促进共同发展的模式也受到企业的广泛青睐，各种全新的发展模式正在不断涌现。

第二节　跨境电商保税仓物流服务发展现状

近年来，跨境电商高速发展。到目前为止全国跨境电子商务平台已经达5000多家，企业达20多万家，有6个跨境电商试点城市开展了保税备货进口模式，效果显著。并且由于保税区的特殊优惠政策，保税备货进口模式以快捷方便、物流速度快、商品流通成本较低、商品质量在一定程度上能得到保证等显著优势成为跨境电商物流模式的主流。保税物流逐渐成为国际物流的重要接力区，也成为促进进出口贸易增长的重要因素和满足顾客需求的关键环节。而保税仓作为保税物流的重要枢纽和业务载体，其物流服务无论是在发展环境方面、业务方面还是特性方面都与普通物流服务有所不同。

一、业务现状

跨境电商保税仓物流服务的业务包括：关务服务、仓储服务、金融服务和其他增值服务。具体发展现状如下。

（一）关务服务

根据国家海关总署规定，任何出入保税区的进口货物、区内流转及跨区域流转的货物都要按照程序办理相应的关务业务。保税仓作为跨境电商零售进口链条上的枢纽，有义务也有责任为商家提供这种服务。具体办理项目有：商品备案，进口货物清关，跨境仓流转，库内流转，跨关区流转，删改单，进仓异常处理，不合格产品销毁、退货，区内跨境仓退仓，一般进出口贸易退仓，境外退仓，货物检测，货物报关转关等。

跨境电子商务进出境货物、物品的通关流程具体分为两步：一是申报前发送信息；二是办理通关手续。按照已向海关发送的订单、支付以及物流等信息，如实逐票办理通关手续；货物清单、物品清单以及进出口货物报关单应采用通关无纸化作业方式进行申报；电子商务以《货物清单》方式办理申报手续时，应该按照一般进出口货物有关规定办理征免税手续，提交相关许可证件；个人在以物品清单方式办理申报手续时，应该按照进出境个人邮寄物品有关规定办理征免税手续，属于进出境管制的物品，需提交相关部门的批准文件。

（二）仓储服务

仓储属性是保税仓最基本的属性，在整个跨境电商供应链中，保税仓起到配送中心的作用，商家从海外进货，在保税仓内备货，保税仓根据消费者订单发货。和一般配送中心一样，保税仓要确保货物的完整性、时效性和信息准确性。保税仓储受到海关的直接监控，虽然说货物也是由存货人委托保管，但保管人要对海关负责，入库或者出库单据均需要由海关签署。保税仓储一般在进出境口岸附近进行。货物从进入保税仓再到出仓，一共需要经过三大步骤和七大环节。

1. 三大步骤

（1）向海关申报报关单和检验检疫申报报检单。

（2）商品进入库区的理货区，清点商品，办理核注信息。

（3）仓库的作业人员将商品运输到存储区域的仓位上，并将数据维护进公司的仓库管理系统。

2. 七大环节

（1）入库后要对商品进行清点识别。就是将不同商品分别开来，打开外包装，核实实物的条码是否准确，包装是否有脏污、破损或变形的情形。

（2）将商品摆放到不同的仓位上进行储存。一般按照不同的货号或条码进行摆放，以便能快捷地识别。

(3)当有订单进来后,需要到指定的仓位上分拣出所需要的商品,运送至包装区域。

(4)拿出相应规格的包装材料,将对应的商品按照订单放入包装箱中,再用胶带进行封箱。

(5)将打印的快递面单粘贴到对应的纸箱上。

(6)对包裹进行放行。碰到被布控查验的包裹,则拿到监管部门的查验办公区进行查验。

(7)放行完毕后,交接包裹,进行配送。

(三)金融服务

保税仓提供跨境业务的保税和仓储业务,还为商家提供金融服务,其中物流企业、银行、经销商、生产厂家为整个金融链条的四大主体。首先,四方主体签署保税仓业务的合作协议,制造商将货物运送至保税仓并作为质押货物,由保税仓对该质押货物进行储存与监督;其次,经销商还需另向银行提供取货保证金,由银行对保税仓下达放货指令,分批次发货;最后,经销商通过销货获得了一定的资金再向银行缴纳保证金,再由银行开具提货通知单,制造商根据提货通知单向保税仓发货,经销商再从保税仓库提货,如此循环下去。如果保证金不足,保税仓会立即停止发货。另外,保税仓也可以依靠自身雄厚的资金实力条件,为稳定合作伙伴提供中短期融资,帮助资金周转困难的客户解决融资难题,垫付资金,短期融资,加速资金周转回笼,提升企业竞争实力。

(四)其他增值服务

不改变货物物理性质的流通性简单加工和临港增值服务。保税仓库内对货物进行分拣包装、组合包装、打膜、加刷码、刷贴标志、改换包装、拼装、拆拼箱等具有商业增值的辅助性作业。例如印刷图书出口到保税区进行包装,分拣再集中出口到国外;国外过境货物进入保税区、包装材料从国内采购出口到保税区进行包装分拣再出到国外,这样可以大大节省货物的仓库成本和人工成本。

出口货物退运返修服务。国内生产企业所生产的货物出口到境外,因各种原因(如客户拒收货物、拒付尾款、包装不合格、标签不合格、质量不合格、卡板不合格、电子产品系统升级,或是售后服务等)需要退运返修或退货。保税仓退运返修手续简便、费用低,无须办理复杂的退运返修手续,无须向海关申请退运货物，无须缴纳大额保证金。大大节约了时间和成本，且对于货主企业不存在海关信誉上的负面影响。

保税转厂服务。充分利用保税区“境内关外”的特殊功能，即货物出口到保税区即视同离境，可办理退税。以“先出口，再进口”的方式，解决加工贸易深加工结转手续复杂、深加工增值部分不予退税等问题。企业只需再从保税区将货物进口即可完成进出口程序，这样一来可大大节省运输费用和时间。保税区的特殊功能和政策优势不但为企业节省了大量的运费成本，而且增强了企业产品的价格竞争力。

二、发展特点

（一）复杂性

跨境电子商务的开展具有跨区域、跨语言、跨文化等特征，所以在货物的支付、发放过程中难免会存在诸多的跨境问题。国际贸易与国内贸易相比，它的复杂性就体现在它面对的是来自世界各地的客户，有着不同的语言、风俗、文化、思维方式。跨境电商保税仓所接触的主体有生产商家、销售商、银行、海关、国检及消费者。另外，跨境电商虽然发展很快但是起步较晚，其发展深受国家相关政策法规的影响，行业环境较为复杂。

（二）单一性

保税仓的模式采取集中采购和集中储存的方式，不可避免地造成了产品品类单一的局面，只能选择将爆品储存进保税仓，而且储存爆品需要进行市场调查，稍有不慎便会造成库存积压，这样反而会加大成本，资金需先流通海外再回流到境内电商财务。保税仓的模式需在海关备案，需经过商检法规，期间所经历的时间成本、人力物力成本相对来说较高。

（三）经济性

国家对于保税区的商品有征收低关税等优惠政策，同时保税进口采用的是大规模进口模式，这种采购方式降低了商品的采购成本和运输成本，所以产品的销售价格也会比海外直邮产品低，保税备货模式为进口产品带来更高的利润和更具竞争力的价格。保税仓能为跨境电商销售商节省不少的成本。

(四)时效性

由于商品储存在我国境内关外的保税仓中，所以当消费者在平台下单后，货物通过清关手续后就能直接从保税仓发出，省去了国际运输的时间，商品能在较短的时间内就送到消费者的手中，从而使其获得较好的消费体验。销售商选择保税备货进口这一模式，除了可以通过规模效应降低物流成本，还可以减少清关时间，提高发货效率。而大部分消费者选择国内跨境电商平台(以保税仓发货为主)购买海外产品，也是因保税仓发货较其他物流模式速度更快。他们想要节省购物的时间，得到电商快速即时的反应和及时的送货上门，这一切都离不开可靠的物流和送货服务的支持。

(五)安全性

保税备货模式进口商品作为跨境电子商务形式进口的商品，除接受海关监管外，也要接受检验检疫部门的监管。从境外进入保税区的应检物，属于卫生检疫或动植物检疫范围的，由检验检疫机构实施卫生检疫或动植物检疫；应当实施卫生处理的，由检验检疫机构进行卫生处理。应当实施动植物检疫除害处理的，在检验检疫机构的监督下依法进行除害处理。检验检疫机构对从境外进入保税区的可以用作原料的固体废物、旧机电产品、成套设备实施检验和监管，对外商投资财产按照有关规定进行价值鉴定。就目前看，跨境零售进口主要以母婴、日化等高价值产品为主。因此，安全性是保税仓仓储服务的重点。安全性主要体现在四个方面：(1)货物的完整程度；(2)货物的有效期；(3)货物数量是否有差异(丢货、换货行为)；(4)出库前货物包装是否符合规范。

(六)可靠性

现阶段，国内跨境电商保税区从企业主体、溯源平台两方面着手，不断创新监管模式，实现阳光化监管，从而实现对保税备货商品的有效监管。一方面，保税区要求试点跨境电商企业的商品在海关部门备案，同时在保税区进行注册登记。另一方面，海关要求跨境电商的每件商品加贴防伪溯源二维码，以此为切入点实现对保税备货商品的质量掌控。

(七)即时性

跨境电商保税仓业务是随着跨境电商的快速发展应运而生的。因此，保税仓物流服务深受跨境电商平台业务的影响。而跨境电商平台主要依靠时间或者数字营销方式来促进销售量的提高，例如各大购物节。以宁波某企业JL仓为例，按照活动节天数和规模，购物节可以分为三个梯度，如表4.2所示：第一梯度，天猫“双十一购物狂欢节”、京东“618全球年中购物节”；第二梯度，“双十二”购物节、年货节（1月4号）、“38大促”；第三梯度，苏宁易购“418”购物节、“黑色星期五”。由上可知，跨境电商保税仓物流服务具有提供即时消费的特性。

表4.2　JL仓活动节时间分布及规模状况

JL仓	活动名称	日期	规模（日单量）	时间（日）
第一梯度	天猫“双十一购物狂欢节”	11月11号	250000～300000	15
	京东“618全球年中购物节”	6月18号	80000～10000	10
第二梯度	“双十二”购物节	12月12号	30000～50000	7
	年货节	1月4号	40000～60000	8
	“38大促”	3月8号	30000～50000	7
第三梯度	苏宁易购“418”购物节	4月18号	5000～10000	3
	“黑色星期五”	12月25号前的周五	5000～10000	3

第三节　跨境电商保税仓物流服务存在的问题

一、宏观层面存在的问题

（一）跨境进口税收政策有待进一步清晰

采用保税仓库模式的跨境电商企业更倚重税收优惠政策后的低价爆款，而税改后税收政策不明确统一，使得这类跨境电商的发展也面临着商品货物成本及价格上升等不确定因素。2016年3月24日，财政部联合海关总署、国家税务总局发布了《关于跨境电子商务零售进口税收政策的通知》，规定了个人单次交易限值、个人年度交易限值。在限值以内，进口环节增值税与消费税，暂按法定应纳税额的70%征收，超过上述标准均按照一般贸易方式全额征税。而在同年5月24日，海关总署又印发了《海关总署办公厅关于执行跨境电子商务零售进口新的监管要求有关事宜的通知》，对“通关单”“许可证”“注册备案""税改限额"等监管要求暂缓执行，过渡期截至2017年5月11日（含11日）。面对跨境电商新政的不确定性，多数跨境电商企业只能采取止损措施，经济效益受到较大影响。

（二）跨境电商保税仓物流服务的责任主体需要进一步明确

跨境电商保税仓物流服务的责任主体包括境内代理商、境外供应商、商家、物流等，虽然新的《食品安全法》明确了网络食品交易的第三方平台权责，但跨境电商平台主体责任尚不明确。除了洋码头、天猫国际等传统模式外，还有顺丰、京东等平台，覆盖了资金流、商流等全方位的服务，还承担着货源采购与物流仓储等角色。这些平台负责报检、报关等业务，当收货人与供应商等主体并非为同一人，且货物所有权在一定程度上仍然归属于境外供应商时，这种新型的关系，为保税备货模式中的执法监管带来了较大的困扰。

（三）跨境电商保税仓物流信息管理系统有待进一步优化

保税备货模式下，跨境电商保税仓物流中心的信息系统主要链接三个系统，即仓库管理系统WMS、海关信息系统以及国检监管系统，发生任何库存变动，上述关务商检三个系统均需要进行数据交互。由于保税仓商品的SKU众多、动销率高、库内商品的批次管理难度高，仓库管理系统中的库位信息经常和海关信息系统以及国检监管系统中的库位信息不符，在海关或国检查验的过程中会出现商品报关或报检号与该商品其他属性信息不一致的情况。这样会直接导致海关或国检对客户订单进行卡单（商家订单已推送至仓库WMS系统，但订单无法分配、打单），对商家销量、仓库信誉和客户体验带来负面影响。如宁波百世九龙保税仓在2016年"双十一"当天，被海关卡单近一个半小时，1200名临时工作人员全部处于等待状态，造成直接人力成本近2万元，延迟生产派送包裹12600多个。

二、微观层面存在的问题

（一）员工综合素质不高

跨境电商保税仓员工的沟通能力以及员工自身素质对物流服务过程中的生产作业产生较大影响。保税仓员工的素质对物流服务质量的影响也更为直接。首先物流服务人员的技能水平、服务意识以及是否具备物流产品的相关知识这些因素对物流过程的完好实现具有重要影响；其次，保税仓物流企业管理人员的观念意识、个人素质和修养也直接影响整个企业的经营氛围，其中能不能形成客户至上的观念对服务质量来说极其重要；最后，由于保税仓物流服务质量特性，如作业中的货损率、货物的差错率、客户投诉率等需要通过信息数据反馈获得，且反馈的这些数据在时间上有一定的滞后性，所以员工的工作效率、工作质量均对服务过程质量有较为明显的影响。就目前看，跨境电商保税仓员工中接受过高等教育的比例不高，员工接受专业系统培训的机会也较少，员工流动率高，仓库传统的“师傅带徒弟”的培训方式造成员工综合素质差的恶性循环。

（二）组织管理制度不健全

首先，保税仓运行的组织形式是按照库内作业流程来构建固定的组织结构，这种组织形式的优点是每个组织的员工各司其职，有利于发挥员工的专业性。缺点是组织结构过于细化，使得部门之间容易出现责任难以界定，相互推诿的状况。其次，很多保税仓物流企业不仅缺乏科学的领导方式，标准工作制度、质量管理措施的制定和实施也是遥遥无期，直接影响着员工的意识，从而对物流效率和服务水平产生影响。

（三）设施设备落后

现有一些保税区及保税仓库存在结构缺陷，仓库结构设计难以适应现代物流发展的要求，仓储设施老化。在区域布局上缺乏统一规划，扩展空间不足，生产作业相互干扰。普通仓储设施居多，特种仓库不足。

设施设备的完好直接影响顾客的需求质量。在保税仓的整个物流过程中，商品的入库、上架、下架、存储、盘点、拣货、包装发运等作业环节，涉及液压车、高位叉车、高位货架、RF 手持、拣货车、栏板车、气泡机、工作台、流水线等设备，这些设施设备是合理组织批量生产和机械化流水作业的基础。就目前看，保税仓物流设备的适应能力、配套能力适中，技术水平、先进程度较低。这对高效、高质、高量地完成顾客的需求质量，保证物流服务的准确性和完好性产生了不利的影响。

（四）信息技术应用性差

信息技术在物流过程的各个运作或作业环节中的综合应用是现代物流的

根本标志。近年来,跨境电商保税仓越来越趋向于云仓储,信息技术的开发和应用受到各个跨境电商平台和保税仓物流企业的重视。但是目前国内跨境电商保税仓信息技术的实际应用状况并不是很乐观,这是因为跨境电商保税仓的主营业务量来自于"双十一""618"等大促活动,6000 平方米的保税仓要想在一周之内发货 25 万件,对现场环境的复杂性和作业灵活性的要求非常高,现有的信息技术并不能完全满足这些要求。跨境电商保税仓的员工综合素质普遍不高,很多员工宁愿使用更加顺手的传统方法,也不会采用新技术。

部分开展保税备货模式的跨境电商企业缺乏数据上传设施设备,很难通过电商通关服务平台将保税备货商品的物流、支付、交易与仓储等电子数据传送给海关,依然停留在普通的电子报表这一层次。这在一定程度上增加了跨境电商企业的支出,同时也不利于规范管理企业的商品数据信息。

(五)物流流程设计不科学

服务质量是客户关系管理的重要内容,依赖于服务提供前、提供过程中和提供结束后流程的设计和管理。保税仓物流服务流程设计的目的就是建立起良好的客户关系,达到留住老客户、发展新客户的目标。由于我国跨境电商发展尚未成熟,保税仓的流程更多的是依据普通电商仓库的流程来设计的,但是跨境电商保税仓又同时涉及海关、国检、跨境电商平台、贸易公司、消费者等多个主体,并且跨境电商保税仓具有顾客多样化、顾客产品多样化、出货少批量、多批次等特点,现有跨境电商保税仓物流企业的流程设计尚不科学。应该在物流流程设计上更注重流程的柔性化设计,为顾客提供个性化的物流业务实施方案,能够具有根据顾客的个性化要求提供增值服务的能力;要不断优化和调整物流流程设计,提高物流效率和服务水平。

第五章　跨境电商保税仓物流服务质量评价指标体系的构建与实证分析

第一节　跨境电商保税仓物流服务质量评价指标体系的构建

跨境电商保税仓物流服务质量评价指标体系，是由诸多影响保税仓物流服务质量的指标构成的有机整体，既反映了指标之间的关联性，又反映了其系统性。对物流服务质量评价指标的构建，是要将其涉及的问题逐步分解，组成有序的逻辑层级，使其结构化、层次化。因而，要兼顾构建物流服务质量评价指标的原则和逻辑，找出其影响因素，选取科学合理的指标，构建全面的评价指标体系。跨境电商保税仓物流服务质量评价指标体系的构建是对保税仓服务效果进行综合评价的基础和前提，对保税仓物流服务效果进行评价，能够找出保税仓在发展中的薄弱环节，明确保税仓物流服务的改进方向。

一、跨境电商保税仓物流服务质量评价指标体系设计

（一）指标体系设计原则

跨境电商保税仓不仅为跨境电商平台企业、消费者提供物流服务，其运行还涉及海关、国检等政府性质的市场主体。对跨境电商保税仓物流服务的评价涉及众多属性，这些属性的评价标准各不相同，有性质表述也有数据支撑，所以其评价指标也是多种多样的。这些评价指标的设定必须全面、客观、有效地反映跨境电商保税仓物流服务质量的真实水平。

为了保证指标的科学性和有效性，一般要遵循以下原则来设计评价指标。

1. 科学性原则

为构建一套科学合理的跨境电商保税仓物流服务质量评价指标体系，在评价维度的确定和指标的选择过程中，必须以理论指导为依据，以实践事实为基础，将理论与实际相结合，运用科学的方法，识别出保税仓物流服务过程中的关键指标。科学性原则要求在构建指标体系的过程中必须对保税仓物流服务质量的影响因素进行深入分析，并充分参考现有相关理论基础与研究成果，以确保指标体系构建得科学合理。构建过程中应注意选取合适数量的指标，明确指标含义，避免歧义，不能单凭主观经验和领导意愿进行评价。指标必须是对客观实际的抽象描述，能够准确地反映保税仓物流服务质量情况。

2. 全面性原则

全面性原则要求所选择的指标能够涵盖影响跨境电商保税仓物流服务质量的各个重要因素，影响跨境电商保税仓物流服务质量的因素有很多，为了对跨境电商保税仓物流服务质量的评价更加科学和客观，必须综合考虑不同的影响因素。但是这些影响因素有很多，有主要影响因素也有次要影响因素，在设定评价指标的时候要分清主次，突出重点，全面考虑影响跨境电子商务保税仓物流服务质量的主要因素。

3. 系统性原则

保税仓物流服务质量涉及保税仓从运作到管理层的各个方面，其评价指标体系是一个内在层次多样复杂的整体，必须与评价目标相统一。由于跨境电商保税仓里的环境相对于普通的电商仓库环境较为复杂，很多指标之间存在相互联系、相互制约的关系。有些指标之间存在横向联系，有些则存在纵向联系，甚至不同层次的指标存在“你中有我，我中有你”的关系。指标体系的建立应在将指标分类后再进行分层级构建，以保证其逻辑关系明确，层级结构分明，保证指标体系的系统性；同时，指标设计过程中要尽量做到少而全面，设计出的指标应该尽量与企业的有关统计资料、报表相互兼容。

4. 针对性原则

评价指标体系的建立要考虑保税仓运作与管理的特殊性，在设定评价指标时有所区分，对每类服务评价要有针对性，必须能够体现各自的特点。在指标体系建立过程中，应根据指标对保税仓物流服务质量的重要程度，有针对性地拟定指标，再进行综合评价。对跨境电商保税仓物流服务质量的评价是为了对其服务质量水平进行评判，发现影响服务质量水平的关键因素有哪些，并且有针对性地提出建议性对策。因此，要有针对性地设定这些目标。如通关效率、发货准确率等。

5. 可操作原则

影响指标的因素有显性因素和隐性因素，而在实际研究过程中有些指标的资料和数据可以准确并简易地搜集到，而有些指标的资料和数据则搜集起来较为困难并且准确度也有所折扣。因此，在评价指标的选取过程中，应保证指标与实际应用相符，尽可能提取关键、含义明确、易于获取与计算的指标，保证数据资料的可得性，以便于实现评价过程的可行性和可操作性。

6. 定量和定性相结合的原则

由于物流是讲究时效的服务行业，时间性和服务性极强，结果数据是否科学、顾客体验是否完美，直接影响着物流服务质量水平的高低。这也决定了跨境电商保税仓物流服务质量评价指标具有定量和定性双重性质。而本书在跨境电商物流服务质量指标的设定上是以量化指标为主，这样可以更大程度地降低主观因素的干扰，使评价结果更加科学有效。同时，由于保税仓环境的特殊性和复杂性，对物流服务质量的评价也涉及客户自身主观感知和判断，部分指标无法量化，如收费增值效果、库位优化程度等。因而，应当通过定性与定量结合分析，保证指标来源合理可靠，评价过程有效客观，从而保证评价结果的真实性和参考价值。

(二)评价指标设计思路

跨境电子商务保税仓物流服务包括多方面的内容，整体上有三大主要部分，即关务、仓储、金融。跨境电商保税仓物流服务质量评价指标的设定，需要考虑这三方面的内容。从跨境电商保税仓物流服务存在的问题可以看出指标的设定还需要从两个地方出发：一方面是顾客的期望值和感知度，另一方面是企业自身的组织支撑能力。因此，首先要结合顾客的期望总结出跨境电商保税仓物流服务的从属特征，然后找到与这些从属特征相关联的服务行为，设定服务行为的标准，对实际服务行为进行评价和改进。同时还要考察组织支撑能力对物流服务行为的正负影响，并加以继承和改进，如图 5.1 所示。

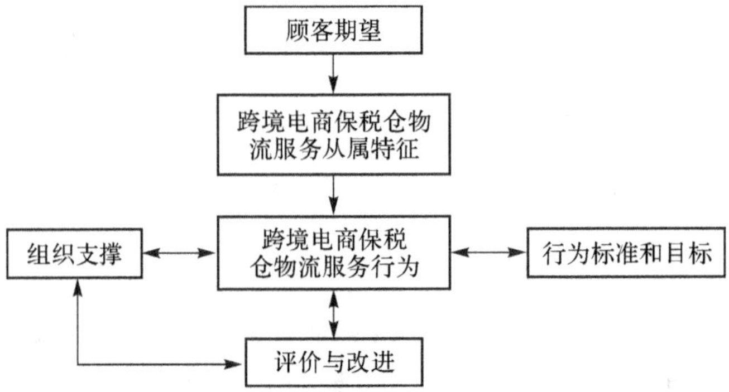

图 5.1 跨境电商保税仓物流服务质量评价指标的设计思路

(三)评价指标设计标准分析

本书的目的是对跨境电商保税仓物流服务质量进行评价,找出关键性指标关联的行为,并加以改进。效益悖反理论是物流行业最常见的问题,企业一方面要确保服务质量的高水平,另一方面还要确保成本的合理控制。本书假设在一种理想的环境下对跨境电商保税仓物流服务质量进行研究,提出改进性措施,通过加强跨境电商保税仓物流服务质量指标的相互作用,达到其物流服务质量的提高,而成本基本不变。

对于物流服务质量评价指标体系的研究有很多,但是针对跨境电商保税仓物流服务质量评价指标体系的研究却很少,本书在借鉴物流服务质量评价指标体系的基础上,结合国内外跨境电商平台、论坛社区消费者的评论及投诉,以及行业标杆企业和专家学者的建议,探索性地设计出跨境电商保税仓物流服务质量评价指标体系。具体分为基于客户感知质量的评价指标和基于组织支撑质量的评价指标。

1.跨境电商保税仓物流服务功能性指标分析

跨境电商保税仓物流服务功能性评价指标是从顾客角度来测量保税仓在服务上的多样性、增值性。这一指标是完全从顾客的期望角度来设定的,它取决于跨境电商保税仓的物流服务能力和顾客对物流服务功能的期望。因此,根据跨境电商保税仓物流服务的特征,考虑跨境电商保税仓物流服务能力的资料数据以及顾客对物流服务质量的主观认知,可以设计出跨境电商保税仓物流服务功能性指标:(1)仓库服务多样性。反映的是保税仓有能力为顾客提供多方面的有效服务,跨境电商业务是一条完整的供应链,涉及国际供应商、国际海关、货代企业、国内保税区、贸易公司、跨境电商平台、消费者等多个主体。保税仓恰恰是整个链条上的枢纽,因此,提供多样服务更容易在行业竞争中获得顾客的青睐,满足其服务期望。如金融、仓储服务和关务服务。(2)仓库服务增值性。反映的是保税仓是否为顾客提供除合同约定外的服务或者个性化服务,如降低保证金、担保等金融服务、向客户更新海关信息、提供转仓设备耗材等。

2.跨境电商保税仓物流服务时间性指标分析

跨境电商保税仓物流服务的时间性指标是从顾客角度测量保税仓物流服务在时间上的合理性。这一指标是从顾客体验上设计出来的,它取决于跨境电商保税仓的物流服务能力和顾客对物流服务时间的期望。因此,根据跨境电商保税仓物流服务的特征,仅考虑跨境电商保税仓物流服务在时效上的数据资料,可以设计出跨境电商保税仓物流服务时间性指标:(1)报关、转关时间反映的是保税仓报关转关所用的时间,关务组把报关资料整理好发给报关行,报关行负责具体报关工作,报关完成以后货物才能进保税区入仓。一般的报关时间为 3～7 个工作日。(2)库内作业及时性反映的是商家货物进入仓库之后的非生产性库内作业时间。如货物贴标、上架、下架、出库打托等。货物贴标的时间依据仓库人力和货物属性而定,如小瓶保健品每人每天可处理 2000～4000 件,而处理大瓶洗洁用品则慢一点。上架时间一般为商品贴完标之后 1～3 个工作日。出库打托时间依据出货数量而定。(3)订单处理时间反映的是从客户下单到生成拣货单,拣货领用后的时间。非大促情况下,10 时前的单据,当日 16 时之前必须响应,16 时前的单据,当前工作日内必须响应。(4)订单释放周期反映的是从接到客户订单开始到货物完全发运的时间。包括打印拣货单、拣货、验货包装、称重清关发运五个环节。非大促情况下,16 时前的单据当天必须全部处理。(5)异常订单处理时间反映的是处理当前工作日及之前的漏单、漏拣、漏验、漏称重、漏清关发运订单的时间。非大促情况下,异常单必须在当前 1 个工作日内处理结束。(6)退货时间反映的是消费者把商品退还仓库之后,仓库把商品退还至商家的时间(由于海关总署规定跨境商品出库后的商品不能直接入库)，非大促情况下1个工作日内处理结束。(7)换货时间反映的是仓库收到消费者寄回的商品后，补发货物的时间，非大促情况下1个工作日内处理结束。

3.跨境电商保税仓物流服务安全性指标分析

跨境电商保税仓物流服务的安全性指标是从顾客角度测量保税仓物流服务的安全性。这一指标是从顾客体验上设计出来的，它取决于跨境电商保税仓的物流服务的规范性和顾客对物流服务安全性的体验。因此，根据跨境电商保税仓物流服务的特征，考虑跨境电商保税仓物流服务在安全上的数据资料，可以设计出跨境电商保税仓物流服务安全性指标：(1)库存准确率反映的是保税仓实际仓储数据相对于海关台账及商家WMS系统数据的一致程度。包括库位准确率(货位一致)、实际货品的属性准确率(品名、商家、数量、批次号等)。库位准确率应保持在99.8%以上，库存准确率应保持在99.7%以上。(2)货物破损率反映的是顾客在保税仓内存放的由于仓库自身原因造成的破损货物的比例，应保持在0.1%以内。(3)发货准确率反映的是保税仓发货的准确程度，规定为100%。(4)信息准确率反映的是客户及购买产品的属性与所发货物属性的一致程度，规定为100%。

4.跨境电商保税仓物流服务的经济性指标

跨境电商保税仓物流服务的经济性指标是从顾客角度测量保税仓物流服务在收费上的合理性。这一指标是从顾客体验上设计出来的，它取决于顾客对物流服务在经济上的期望。因此，根据跨境电商保税仓物流服务的特征，考虑跨境电商保税仓物流服务在经济上的顾客体验程度，可以设计出跨境电商保税仓物流服务经济性指标：(1)收费合理程度反映的是顾客所有的仓内成本挂靠的合理程度。每项服务的收费标准都依据双方商务谈判后的合同标准。(2)收费的增值效果反映的是顾客购买服务之后所接受的增值服务体验，具体由顾客主观判定。

5.跨境电商保税仓物流服务的舒适度指标分析

跨境电商保税仓物流服务的舒适性指标是从顾客角度测量保税仓物流在客户交互方面的舒适度。这一指标是从顾客体验出发设计出来的，它取决于客户交互的效果。因此，根据跨境电商保税仓物流服务的特征，考虑跨境电商保税仓物流服务在客户交互体验上的效果，可以设计出跨境电商保税仓物流服务舒适性指标：投诉率反映的是投诉客户数量占总客户数量的比例。投诉率的高低反映了客户接受服务舒适度的高低。客户投诉率应控制在 1～2 单/月。

6.跨境电商保税仓物流服务人员指标分析

跨境电商保税仓物流服务的人员指标是从人员综合素质和人效方面测试保税仓物流服务的员工情况。这一指标是从日常管理和生产量方面设定的。因此，根据跨境电商保税仓物流服务的特征，考虑人事资料及跨境电商保税仓员工的日常工作表现，可以设计出跨境电商保税仓物流服务人员指标：(1)员工数量从侧面反映了跨境电商保税仓的生产力状况。一个 6000 平方米左右的跨境电商保税仓的人员配备应为 32 人左右，并且生产小组人员至少要占总员工的 50%。(2)员工学历反映了跨境电商保税仓员工的整体素质，影响着仓库的生产管理以及服务质量。关务系统部门必须全部为大专及以上学历，其他收货、库存、拣货、验货包装、发运部门负责人须为大专及以上学历，普通生产型员工须为高中(中专)及以上学历。总之，大专及以上学历的员工比例应达 60%以上。(3)员工人效反映的是跨境电商保税仓的生产状况，是最能体现其生产力的指标。保税仓人效应保持在每人 10～13 单/小时。

7.跨境电商保税仓物流服务设施指标分析

跨境电商保税仓物流服务的设施指标是从软硬件设备效率来测试保税仓物流服务的设施情况。这一指标是根据满足顾客需要的生产需求方面设定的。因此，根据跨境电商保税仓物流服务的特征，考虑保税仓日常生产所需要的基本操作场地、工具、环境，可以设计出跨境电商保税仓物流服务设施指标：(1)库存面积反映了跨境电商保税仓进出货物的能力，可细分为仓库总面积、可用面积、办公面积、作业面积。一般跨境电商保税仓的面积，小则六七千平方米，大则上万平方米，其中作业区面积占 95%以上。(2)库存容量反映了跨境电商保税仓接纳货物以及优化库位的能力，一般指可用空库位的数量。库存容量可以细分为总库位、可用库位、存储位、拣选位、可用存储位、可用拣选位、高速周转区。大促期间各个大型跨境电商仓储都会面临爆仓的情况，大大影响了作业效率。(3)信息系统严重影响着跨境电商保税仓的物流服务质量，主要包括 WMS 系统和关务系统。保税仓 WMS 系统是和海关总署以及跨境电商平台企业相连接的仓库专用系统，不仅和仓库日常生产作业息息相关，还关系着企业的数据安全。小型跨境电商保税仓一般会选择第三方提供的 WMS 系统，大型跨境电商保税仓往往会自行研发 WMS 系统，但是灵活性不及第三方公司。关务系统由海关提供与企业无关。(4)操作设备是跨境电商保税仓日常生产的最基本的劳动工具。一般包括移动手持、办公用计算机、拣货车、高位叉车、流水线、气泡机、各种耗材等等。这些设备的质量和便捷性对于日常生产的影响不是很大，但是在面对“双十一”“双十二”这样的大促活动时至关重要，严重影响保税仓的作业效率。

8.跨境电商保税仓物流服务方法指标

跨境电商保税仓物流服务的方法指标是从保税仓的作业效率来测试保税仓作业方法的科学性和有效性。这一指标是根据日常生产过程需要和生产结果反馈设定的。因此，根据跨境电商保税仓物流服务的特征，考虑员工使用的工作方法在日常生产中的效果，可以设计出跨境电商保税仓物流服务方法指标：(1)标准型作业方法是跨境电商保税仓的标杆性作业方法，也是衡量跨境电商保税仓物流服务质量的重要指标之一，作业方法是否规范、科学、有效，直接影响仓库的作业效率。每个环节的随性操作都会给此生产链的下游及整个仓库造成作业困难。(2)创新型作业方法是跨境电商保税仓提升服务质量的重要法宝。一方面跨境电商零售进口商品属性各异，种类复杂，标准化作业难度大，另一方面跨境电商保税仓物流作业季节性较强，主要业务集中在几个大促活动，这就对作业方法的创新提出了高要求。在不同的环境下，针对不同的商品采取特定的作业方法，不仅可以降低作业成本，还可以提高作业效率。因此，保税仓物流服务一定要注重库内作业的灵活性和创新性。

9.跨境电商保税仓物流服务的环境指标

跨境电商保税仓物流服务环境评价指标是从日常作业过程及作业效果来测量保税仓物流的作业环境。这一指标是从员工的工作角度来设定的，它取决于跨境电商保税仓的上层架构和企业文化。因此，根据跨境电商保税仓物流服务的特征，考虑跨境电商保税仓作业状态，可以设计出跨境电商保税仓物流服务环境指标：(1)制度架构反映的是跨境电商保税仓上层管理是否标准化、规范化。具体包括：考勤制度、安全制度、库区作业制度、绩效考核制度、文化建设制度等。(2)工作氛围反映的是跨境电商保税仓部门之间的协同性。物流企业相对其他企业部门之间的联系更为紧密，任何环节的差错都会给整个团队造成不便，因此团结的工作氛围至关重要。此外，团队应保持一种积极向上的心态，相互学习，不怨天尤人。(3)库区环境可以侧面反映出跨境电商保税仓执行力和生产力方面的能力。整洁有序的库区环境不仅能使员工轻松愉快地工作，还能在顾客心中塑造一种标准规范的印象，形成"标签效应"。

(四)评价指标体系的构建

本书的目的是对跨境电子商务保税仓物流服务质量进行评价，提出改进建议，因此，跨境电商保税仓物流服务质量评价指标体系的构建要从这一特定评价目标出发。本书结合跨境电商保税仓物流服务的相关文献研究和跨境电商物流服务实地调研结果(调研访谈提纲见附录六)，对跨境电商保税仓物流的发展现状和问题进行了分析。在充分考虑前面指标设计原则和设计思路的基础上，探索性地开发出了具有 9 个一级指标，28 个二级指标的跨境电子商务保税仓物流服务质量评价指标体系，其中定性指标 11 个，定量指标 17 个。

本书建立的指标体系从顾客感知和组织支撑两个方面入手，将跨境电商保税仓物流服务功能性指标、跨境电商保税仓物流服务时间性指标、跨境电商保税仓物流服务安全性指标、跨境电商保税仓物流服务经济性指标、跨境电商保税仓物流服务舒适度指标、跨境电商保税仓物流服务人员指标、跨境电商保税仓物流服务设施指标、跨境电商保税仓物流服务方法指标、跨境电商保税仓物流服务环境指标定位为一级指标。且从顾客感知和组织支撑的综合视角出发，根据指标体现的不同方面的特征，选择仓库服务多样性、仓库服务增值性、报关、转关及时性、库内作业及时性、订单处理时间、订单释放周期、异常订单处理时间、退货时间、换货时间、库存准确率、货物破损率、发货准确率、信息准确率、收费合理程度、收费增值效果、投诉率、员工数量、员工学历结构、员工人效、库存面积、库存容量、信息系统、操作设备、标准型作业流程、创新型作业流程、制度架构、工作氛围、库区环境作为二级指标，如表 5.1 所示。

表 5.1 跨境电商保税仓物流服务质量评价指标体系

	一级指标		二级指标		指标属性
顾客服务感知	B1	功能性	C1	仓库服务多样性	定性指标
			C2	仓库服务增值性	定性指标
	B2	时间性	C3	报关、转关及时性	定量指标
			C4	库内作业及时性	定量指标
			C5	订单处理时间	定量指标
			C6	订单释放周期	定量指标
			C7	异常订单处理时间	定量指标
			C8	退货时间	定量指标
			C9	换货时间	定量指标
	B3	安全性	C10	库存准确率	定量指标
			C11	货物破损率	定量指标
			C12	发货准确率	定量指标
			C13	信息准确率	定量指标
	B4	经济性	C14	收费合理程度	定性指标
			C15	收费增值效果	定性指标
	B5	舒适度	C16	投诉率	定量指标
组织支撑	B6	人员	C17	员工数量	定量指标
			C18	员工学历结构	定量指标
			C19	员工人效	定量指标
	B7	设施	C20	库存面积	定量指标
			C21	库存容量	定量指标
			C22	信息系统	定性指标
			C23	操作设备	定性指标
	B8	方法	C24	标准型作业流程	定性指标
			C25	创新型作业流程	定性指标
	B9	环境	C26	制度架构	定性指标
			C27	工作氛围	定性指标
			C28	库区环境	定性指标

二、基于灰色关联度分析跨境电商保税仓物流服务质量评价

(一)评价方法概述和确定

不需要确定指标权重的服务质量评价方法有马田系统和主成分分析,需要确定指标权重的服务质量评价方法有 TOPSIS 法(Technique for Order Preference by Similarity to Ideal Solution,逼近理想值的排序分析方法)、灰色关联度分析等。不同的方法有不同的适应性,需要根据具体的问题选择评价方法。

(1)日本田口玄一博士等人于 2000 年首次提出马田系统的概念。马田系统首先是采用正交表和信噪比优化指标体系,淘汰对结果影响较小的指标,然后预测样本到基准空间的马氏距离,并与评价阈值对比,从而有效评价样本质量情况。马田系统不仅可以对服务质量进行合格评定,还能进行星级评定,缺点是基准空间存在很大的主观性,阈值确定也是依靠经验。

(2)主成分分析,旨在利用降维的思想,把多指标转化为少数几个综合指标(主成分),其中每个主成分都能够反映原始变量的大部分信息,且所含信息互不重复。主成分分析法研究如何通过少数几个主成分来解释多变量的方差—协方差结构。主成分分析不适用对企业进行单独分析。

(3)TOPSIS 法是由 C. L. Hwang 和 K. Yoon 于 1981 年首次提出的,主要依靠"理想解"和"负理想解"来排序,将理想值重新组成一个理想的方案,根据各方案与理想方案的距离来评价出最优方案。

(4)灰色关联度分析是 20 世纪 80 年代初邓聚龙教授研究出来的,其研究对象是"部分信息未知"和"部分信息已知"的"贫信息"系统。在系统发展过程中,若两个因素变化的趋势具有一致性,即同步变化程度较高,可谓二者关联程度较高;反之,则较低。灰色关联分析首先是找到标准数列,即各反映样本行为特征的数据序列。然后算出样本与标准数据序列的关联程度,关联程度越高,结果越满意。该方法的评价结果比较客观,并且不要求全部数据,计算过程简单且易操作。

通过对以上服务质量评价方法的使用方法和特点进行分析,本书选取灰色关联度分析作为跨境电商保税仓物流服务质量评价的方法。有以下几点理由:(1)跨境电商保税仓物流服务质量评价的目的在于对现有保税仓服务质量

进行评价改进,不仅有定性描述还有定量评价,指标的处理过程涉及专家、顾客的主观评价,为了使评价过程更为公平客观,评价结果更加真实可信,还需要对某些指标数据进行数理方法评价。(2)灰色关联度分析能够提供显而易懂的样本标准,使保税仓及其利益相关者在对样本进行改进时,更加容易且有效。另外,这种评价方法计算简单,操作性强并且结构直白,适合跨境电商保税仓物流服务管理。

(二)评价指标权重的确定

在跨境电商保税仓物流服务质量的评价指标体系中,一种指标与同类任何其他指标相比,其发挥的作用、地位、对服务质量的影响程度都是不一样的。因此,要基于每个指标的重要程度对其赋予权重。指标的权重关乎这一指标对总体服务质量的贡献率。科学有效的指标权重是跨境电商保税仓物流服务质量评价的关键。目前计算指标权重的方法有很多,主观赋权法有加权法、多元分析法、层次分析法、模糊统计等,客观赋权法有熵值法、线性规划法等。本书考虑到指标特征和可操作性选取层次分析法进行权重判定。

1.层次分析法的应用

层次分析法(Analytic Hierarchy Process,AHP)是美国运筹学家 T. L. Satty 等人在 20 世纪 70 年代研究出来的定量与定性相结合的多准则决策方法。它是将待决策问题分解成目标、准则、方案等层次,进行定量和定性分析的一种决策方法。层次分析法是先把待决策问题层次化,然后用求解判断矩阵特征向量的办法,求得每一层次的各元素对上一层次某元素的优先权重,最后再用加权和的方法递阶归并各备择方案对总目标的最终权重。

2.构造保税仓物流服务质量的层次分析结构

对于跨境电商保税仓物流服务质量这个问题,层次分析模型结构有三层:最高层目标层为提升物流服务质量;中间层为准则层,即保证物流服务质量的九个方面:功能性、时间性、安全性、经济性、舒适度、人员、设施、方法、环境;最下一层为具体方案,一共 28 个。

3.构造判断矩阵并进行一致性检验

这一步主要是根据准则层和方案层对于目标层的不同影响,进一步确定权重。将准则层的九个因素:功能性、时间性、安全性、经济性、舒适度、人员、设施、方法、环境[设为 $X_i(1,2,\cdots,9)$]，判断某层次某个因素 X_i 相对于另外一个因素 X_j 的重要值，这个重要值用 V_{ij} 表示，并建立判断矩阵 $\boldsymbol{A}=(V_{ij})_{m\times n}$，其具有以下形式：

$$\boldsymbol{A}=\begin{pmatrix} V_{11} & V_{12} & \cdots & V_{1n} \\ V_{21} & V_{22} & \cdots & V_{2n} \\ \vdots & \vdots & \vdots & \vdots \\ V_{m1} & V_{m2} & \cdots & V_{mn} \end{pmatrix} \tag{5.1}$$

矩阵 A 中 V_{ii} 的取值用 1～9 级标度来确定，V_{ji} 的取值用 1/9～1 级标度方法确定，如表 5.2 所示。

表 5.2　判断矩阵标度及其释义

序号	重要性等级	V_{ij} 赋值
1	i 元素，j 元素同等重要	1
2	i 元素比 j 元素稍重要	3
3	i 元素比 j 元素明显重要	5
4	i 元素比 j 元素强烈重要	7
5	i 元素比 j 元素极端重要	9
6	i 元素比 j 元素稍不重要	1/3
7	i 元素比 j 元素明显不重要	1/5
8	i 元素比 j 元素强烈不重要	1/7
9	i 元素比 j 元素极端不重要	1/9

根据数学理论算出矩阵 **A** 的特征根 λ 。层次分析法使用半段矩阵最大的特征根之外的其余特征根的负平均值作为判断矩阵是否偏离的指标，即

$$CI=\frac{\lambda_{\max}-n}{n-1} \tag{5.2}$$

当 $CI=0,\lambda_1=\lambda_{\max}=n$ 时，判断矩阵具有完全一致性。由于评价指标较为复杂，判断矩阵在咨询多位专家之后形成，如果各专家的判断协调一致，没有相互矛盾，则称判断思维具有一致性。当判断矩阵的一致性指标 CI 与同阶平均随机一致性指标 RI 的比率小于 0.10 时，就认为判断矩阵具有满意的一

致性,否则就要调整判断矩阵,*RI* 的值列于表 5.3 中。

表 5.3 *RI* 值

1	2	3	4	5	6	7	8	9
0	0	0.58	0.9	1.12	1.24	1.32	1.41	1.45

4.判定权重

一级指标权重,如表 5.4 所示。

表 5.4 一级指标权重

B1	B2	B3	B4	B5	B6	B7	B8	B9
0.041	0.202	0.202	0.0493	0.1156	0.202	0.0754	0.0754	0.0371

二级指标权重,如表 5.5 所示。

表 5.5 二级指标权重

C1	C2	C3	C4	C5	C6	C7
0.0205	0.0205	0.007696	0.007696	0.055813	0.055813	0.035087
C8	C9	C10	C11	C12	C13	C14
0.019958	0.019958	0.01614	0.017877	0.084194	0.083769	0.02958
C15	C16	C17	C18	C19	C20	C21
0.01972	0.1156	0.014827	0.0404	0.146793	0.005278	0.005278
C22	C23	C24	C25	C26	C27	C28
0.040595	0.024241	0.03016	0.04524	0.023633	0.009583	0.003884

(三)评价指标数据处理

跨境电商保税仓物流服务质量评价指标有定性指标也有定量指标,本书对 11 个定性指标数据的处理依据行业经理人 2 人、跨境电商平台经理人 2 人进行 10 分制打分,按照其合理程度划分等级:很不合理、不合理、不太合理、一般、较合理、合理、很合理,对应的分数依次为 0～2 分,2～4 分,4～6 分,6～7 分,7～8 分,8～9 分,9～10 分,评分标准如表 5.6 所示。采用加权平均法计算出指标最终得分,依据专家的权威性给专家做权重判定 $W_i(i=1,2,3,4)$ 。评分矩阵如表 5.7 所示。

设定 E 为专家集，$E=\{E_1,E_2,E_3,E_4\}$；设定 G 为指标集，$G=\{G_1,G_2,\cdots,G_n\}(n=1,2,\cdots,11)$；设定 X,Y,M,N 为评价对象，$X_{ij}(i=1,2,\cdots,4,j=1,2,\cdots,11)$ 为 i 专家对 X 评价对象第 j 项指标的打分，$Y_{ij}(i=1,2,\cdots,4,j=1,2,\cdots,11)$ 为 i 专家对 Y 评价对象第 j 项指标的打分，$M_{ij}(i=1,2,\cdots,4,j=1,2,\cdots,11)$ 为 i 专家对 M 评价对象第 j 项指标的打分，$N_{ij}(i=1,2,\cdots,4,j=1,2,\cdots,11)$ 为 i 专家对 N 评价对象第 j 项指标的打分。

表 5.6 评分标准

很不合理	不合理	不太合理	一般	较合理	合理	很合理
0～2 分	2～4 分	4～6 分	6～7 分	7～8 分	8～9 分	9～10 分

表 5.7 评分矩阵

专家集	指标集	评价对象集			
		X	Y	M	N
E1	G1	X11	Y11	M11	N11
	G2	X12	Y12	M12	N12
	G3	X13	Y13	M13	N13
	G4	X14	Y14	M14	N14
	G5	X15	Y15	M15	N15
	G6	X16	Y16	M16	N16
	G7	X17	Y17	M17	N17
	G8	X18	Y18	M18	N18
	G9	X19	Y19	M19	N19
	G10	X110	Y110	M110	N110
	G11	X111	Y111	M111	N111

续表

专家集	指标集	评价对象集			
		X	Y	M	N
E2	G1	X21	Y21	M21	N21
	G2	X22	Y22	M22	N22
	G3	X23	Y23	M23	N23
	G4	X24	Y24	M24	N24
	G5	X25	Y25	M25	N25
	G6	X26	Y26	M26	N26
	G7	X27	Y27	M27	N27
	G8	X28	Y28	M28	N28
	G9	X29	Y29	M29	N29
	G10	X210	Y210	M210	N210
	G11	X211	Y211	M211	N211
E3	G1	X31	Y31	M31	N31
	G2	X32	Y32	M32	N32
	G3	X33	Y33	M33	N33
	G4	X34	Y34	M34	N34
	G5	X35	Y35	M35	N35
	G6	X36	Y36	M36	N36
	G7	X37	Y37	M37	N37
	G8	X38	Y38	M38	N38
	G9	X39	Y39	M39	N39
	G10	X310	Y310	M310	N310
	G11	X311	Y311	M311	N311
E4	G1	X41	Y41	M41	N41
	G2	X42	Y42	M42	N42
	G3	X43	Y43	M43	N43
	G4	X44	Y44	M44	N44

续表

专家集	指标集	评价对象集			
		X	Y	M	N
E4	G5	X45	Y45	M45	N45
	G6	X46	Y46	M46	N46
	G7	X47	Y47	M47	N47
	G8	X48	Y48	M48	N48
	G9	X49	Y49	M49	N49
	G10	X410	Y410	M410	N410
	G11	X411	Y411	M411	N411

设 S_{cj}（$j=1,2,\cdots,11,c=x,y,m,n$）为 C 评价对象第 j 个指标的得分，计算公式如下：

$$S_{cj}=\frac{\sum_{i=1}^{4}c_{ij}\times w_i}{\sum_{i=1}^{4}w_i}(i=1,2,\cdots,4,j=1,2,\cdots,11,c=x,y,m,n) \quad (5.3)$$

（四）灰色关联度分析在跨境电商保税仓物流服务质量评价中的应用

对于跨境电商保税仓物流服务质量的综合评价，实际上是一个排序问题，在众多保税仓中排出优先顺序。灰色综合评价法主要是依据模型：

$$\boldsymbol{R}=\boldsymbol{E}\times\boldsymbol{W} \quad (5.4)$$

式中：$\boldsymbol{R}$—— m 个评价对象的评价结果向量；

$\boldsymbol{W}$—— n 个评价指标的权重向量；

$\boldsymbol{E}$——指标的判断矩阵。

$$\boldsymbol{E}=\begin{pmatrix} f_1(1) & f_1(2) & \cdots & f_1(n) \\ f_2(1) & f_2(2) & \cdots & f_2(n) \\ \vdots & \vdots & \vdots & \vdots \\ f_m(1) & f_m(2) & \cdots & f_m(n) \end{pmatrix} \quad (5.5)$$

式中：$f_c(j)$ —— C 方案中第 j 个指标与第 j 个最优指标的关联系数。

灰色关联度的计算有以下几个步骤：

1. 判定最优指标集。最优指标集的选择根据评价对象的实际情况而定，如果某一指标取最大值为好，则取该指标在各个评价对象中的最大值，如净收益；如果某一指标取最小值为好，则取该指标在各个评价对象中的最小值。但是，在最优值的选取过程中还要考虑评价对象的实际情况，最优指标的选取要贴近现实，特别要注意物流企业普遍具有效益悖反理论。构造指标集矩阵 **D**：

$$\boldsymbol{D}=\begin{pmatrix} l_{1*} & l_{2*} & \cdots & l_{n*} \\ l_{11} & l_{21} & \cdots & l_{31} \\ \vdots & \vdots & \vdots & \vdots \\ l_{1m} & l_{2m} & \cdots & \mathrm{l}_{nm} \end{pmatrix} \tag{5.6}$$

式中：l_{jc} —— C 方案中第 j 个指标的原始数值。

2. 处理指标原始数据。因为评价对象的指标有不同的量纲和数量级，因此不能直接比较，为了确保结果的科学性，需要对指标原始数据进行规范化处理，化为 $V_{jc}\in[0,1]$：

$$V_{jc}=\begin{cases} \dfrac{l_{jc}}{l_j^{\max}}, 1\leqslant j\leqslant n, 1\leqslant c\leqslant m, l_{jc}\in B \\ \dfrac{l_j^{\min}}{l_{jc}}, 1\leqslant j\leqslant n, 1\leqslant c\leqslant m, l_{jc}\in C \end{cases} \tag{5.7}$$

第 j 个指标的变化区间为 $[l_j^{\min}, l_j^{\max}]$，$l_j^{\min}$ 为第 j 个指标最小值，$l_j^{\max}$ 为第 j 个指标最大值，其中 B 为效益指标，C 为成本指标。这样 **D→G** 矩阵：

$$\boldsymbol{G}=\begin{pmatrix} v_{1*} & v_{2*} & \cdots & v_{n*} \\ v_{11} & v_{21} & \cdots & v_{n1} \\ \vdots & \vdots & \vdots & \vdots \\ v_{1m} & v_{2m} & \cdots & v_{nm} \end{pmatrix} \tag{5.8}$$

3. 计算综合评价结果。根据灰色理论将 **G** 矩阵第一行作为参考数列，将其他行作为比较数列，利用关联性分析求出 f_{cj} 的值，即 C 方案中第 j 个指标与第 j 个最优指标的关联系数：

$$f_{cj}=\frac{\min\limits_{c}\min\limits_{j}\left|v_{j*}-v_{jc}\right|+\mu\max\limits_{c}\max\limits_{j}\left|v_{j*}-v_{jc}\right|}{\left|v_{j*}-v_{jc}\right|+\mu\max\limits_{c}\max\limits_{j}\left|v_{j*}-v_{jc}\right|} \tag{5.9}$$

μ 位于 0 至 1 区间内，一般取值 0.5。

$$r_c = \sum_{j=1}^{n} w_j \times f_{cj} \tag{5.10}$$

若 r_c 越大，说明第 c 保税仓越接近目标方案，可以据此排序。

第二节 百世物流科技(中国)有限公司实证分析

一、百世物流科技(中国)有限公司现状

(一)百世物流科技(中国)有限公司简介

百世物流科技(中国)有限公司成立于 2007 年，中国区总部在杭州，是由信息技术和供应链资深专家联合组建的创新型综合物流服务提供商。公司旨在整合互联网、信息技术和传统物流服务，以信息技术为核心，通过系统完整的合作伙伴认证管理体系，专业的供应链解决方案设计，创新的商业模式，为国内外企业提供一站式综合物流服务。经过十几年的努力，企业规模迅速扩大，每年高速发展。百世现有七大事业部：百世供应链、百世快运、百世快递、百世云、百世国际、百世金融、百世店加，如图 5.2 所示。向客户提供综合供应链、快运、快递、软件、金融和电商服务。在全国建立了 240 个运作中心和 200 万平方米的仓储和转运中心，百世以互联网、信息技术和创新的力量为整个行业带来革命性变化，致力于打造专业、开放、共享、智慧的综合供应链服务平台。

图 5.2 百世事业部集群

百世着眼于全球布局，敢于在全球范围投资开拓，依靠的不仅是自身强大的集团背景支撑，还得益于百世在国际物流业务上，可以用一体化的信息系统为国内外品牌商提供全方位的供应链解决方案。

百世国际的全链条一站式服务包含国内物流、保税仓库、清关通关、国际运输、海外仓储、海外物流服务。除优化服务的流程环节之外，百世国际还致力于将服务操作平台化。百世国际跨境物流平台——百世大航海平台，将进行全新升级，升级完成后，平台将新增东南亚线路海运拼箱、空运包裹下单功能。由于百世国际提供的跨境物流解决方案是多样化的，所以带来的服务可以满足不同的市场需求。除此之外，为了有效提升跨境电商物流的时效性和通关效率，百世在重要的国家和地区建立了自己的运营和维护团队，百世可以根据客户的目的地、SKU、运输，计划分仓发货的物流方案，降低物流成本，提升时效性。

百世跨境电商是百世供应链事业部旗下的一款服务业务。目前，百世跨境电商服务包括：跨境物流、进口（全球购）、出口（全球卖）、保税仓备货、直邮、海外云仓、转运、集货。百世跨境服务可以“一单到底”，即从国外到国内流转信息全程追踪。包括境外贴单、揽收、起运，到港后，境内的清关、揽收、配送、签收全程信息跟踪。同时，依托百世云仓的优势和百世快递的网络覆盖可以实现仓配一体，无缝连接。百世目前已开通的跨境电商保税仓有宁波仓、广州仓和郑州仓。即将开通的跨境电商保税仓有天津仓、重庆仓、上海仓和青岛仓。

目前，百世宁波保税仓具体分布如下：XY 仓位于宁波保税东区，CE 仓、JL 仓位于宁波保税南区，TS 仓位于宁波出口加工区。仓库总面积达 122000 平方米，占地 264 亩，办公区 880 平方米，是宁波跨境进口服务的重点项目。仓库设备体系汇集了关务体系、系统体系、仓储体系、拣货体系、验货包装体系、称重清关发运体系等的设备，与国家海关总署，跨境电商平台，第三方快递服务商实现了无缝对接。百世宁波保税仓现有立体仓库 3 个，仓库面积 86000 平方米；楼式仓库 3 个，仓库面积 12000 平方米，棚式仓库 1 个，仓库面积 6000 平方米。目前服务客户有天猫国际、天猫海外直营、淘淘羊、洋码头等，配送腹地面向全国，非大促期间日发货单量 5 万～6 万单，2016 年“双十一购物狂欢节”，百世供应链仅保税南区的 JL 仓（6000 平方米，16 个商家，831SKU，150

万货物)就发货 25 万单。以 JL 的一个立体化仓库为例,货物出库采用自动化流水线传输带,仓库分为办公区、收货区、拣货区、高位货架区、高速流转区、恒温仓、生产作业区、出库区。高架存储位 2304 个,五层单层 1.8 米,12 巷道,高速中转区小货架 360 个库位,拣选位 846 个,15 巷道,托盘 3600 个,拣货车 36 台,全自动流水线 3 条,高位叉车 2 台。仓库使用百世自我研发的 WMS 系统,采用 RF 枪拣货确认,可以实现无纸化管理。保税仓的组织结构主要有仓库综合部门、财务后勤部门、系统部门(含关务)、收货部门、库存部门、拣货部门、验货包装部门、发运部门,具体如图 5.3 所示。

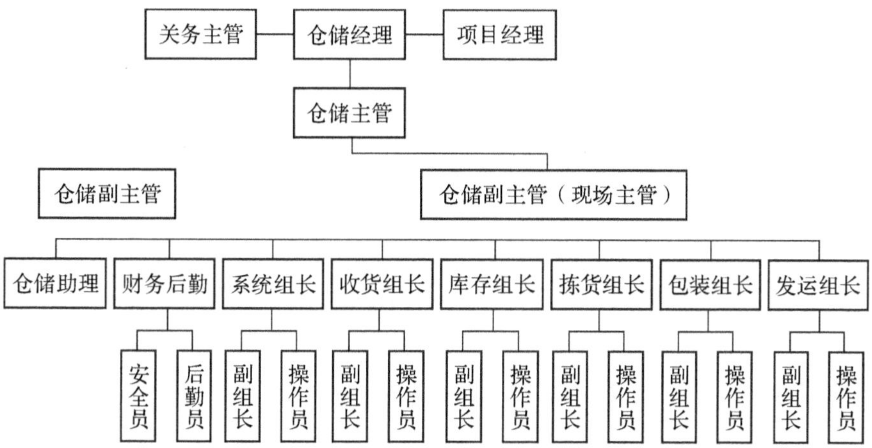

图 5.3　百世保税仓组织机构

(一)百世物流科技(中国)有限公司业务及其流程介绍

百世保税仓力争实现 1～3 天报关完成,1～3 天货物入库理货完成,1 天上架完成。订单下单后,当天拣货,当天验货包装,当天称重清关发运。百世保税仓业务流程可以分为关务流程、收货流程、上架盘点流程、打单流程、拣货流程、验货包装流程、称重清关发运流程。具体内容如下所示。

1. 关务流程

所有的跨境电商进口货物在进入保税仓之前都需要报关、检测,本书把这一系列活动称为跨境关务流程,有以下几个部分:货物备案、对外清关、检测、报关。

(1)按照国家海关总署和公司规定,货物入库前需要备案,商家录入商品信息,菜鸟负责人把备案表发送至百世相关负责人,百世工作人员进行审核并反馈补充信息表，商家补充备案信息、百世备案，国家海关总署审核备案信息并进行反馈，如果备案成功，百世系统可以成功直接导入，否则以此流程操作直至备案成功。

(2)清关是只有在履行各项义务，办理海关申报、查验、征税、放行等手续后，货物才能放行，货主或申报人才能提货。货物在清关期间，不论是进口、出口或转运，都处在海关监管之下，不准自由流通。清关是百世跨境项目很重要的一步。

(3)检测是商家委托百世对其商品送至第三方检测公司检测。首先是国检通知百世某些商品需要提供第三方检测报告，百世和贸易公司与第三方检测机构确定检测数量、时间、费用及项目。同时百世告诉商家国检的检测要求，需要商家提供有效检测委托书并将订单导出寄给贸易公司。商家派单寄给第三方检测机构检测，后将检测报告送至国检对相应产品进行解锁。一般不同的商品检验时间不同。

(4)报关是保税仓最重要的一环。按照我国海关法的规定：凡是进出国境的货物，必须经由设有海关的港口、车站、国际航空站，并由货物所有人向海关申报，经过海关放行后，货物才可提取或者装船出口。消费者在跨境电商平台上的订单都必须经过海关审核，报关时效直接影响到仓库生产速度。影响报关时效的环节为涉 A 类商品打出正本报关单并随附正本通关申请向海关现场递交、等待海关审核和无纸化转有纸报关。

2. 收货流程

按照百世规定查验集卡司机携带的载货清单和报关单，确认单据信息是否正确，铅封是否完好，确认无误后，将货物卸至理货区，注意卸货的过程中一定要保证货物的完整程度。在理货的过程中要注意货物是否有差异，是否有运输原因导致的破损。理货结束后，及时根据实际情况做出理货报告，核对理货报告与商家提供的货物信息是否一致，如果出现货物数量、SKU 有差异，或者存在破损件，必须记录在理货报告中，反馈给商家，等待商家处理。百世理货时间一般在 1～3 个工作日。

3. 上架盘点流程

理货结束后，如果商家同意货物上架，百世保税仓需要在 1 个工作日内完成货物上架。上架时需要注意几个问题:(1)仔细核对上架指导单和待上架货物信息(商家、品名、数量、商品条码等)。(2)将货物上架至指定库位。(3)有差异或者破损及时告知收货和关务人员。(4)异常都要录入系统,以便后续跟进。

按照百世规定,保税仓库需要做定期循环盘点,盘点周期为 1 个月。盘点可以选择盲盘和半盲盘,盘点需要注意以下几个问题:(1)盘点数量有差异及时处理。(2)及时统计待失效货物,及时上报(有效期 3 个月内)。(3)盘点后要做盘点记录,详细介绍盘点方法、盘点结果、盘点日期和盘点人姓名,纸质和电子版都要形成档案记录。

4. 打单流程

打印订单是保税仓作业最重要的环节,主要是打印拣货单和装箱单。由于海关系统变更后是自动分配订单,分配完成后要等待国检和单证放行,这是保税仓很重要的一环,会影响发货效率。单证放行后先要按维度分组,一般商家、消费者是第一维度,库位是第二维度。为了确保拣货人员的作业效率,系统组和库存组必须紧密配合,因为系统组打印订单既需要满足商家、消费者同一维度,又要确保拣货路径最优。

5. 拣货流程

一方面,拣货效率、质量的高低直接影响了单量的高低;另一方面,拣货作业是否规范也影响到库存的准确率和货物的完整程度。拣货作业需要注意以下两个问题:(1)按单拣货,必须按照拣货单上的货物信息、库位信息拣货,不能串货。(2)必须一个拣货筐对应一份订单。百世的拣货效率保证在 15 分钟每车(12 单)。

6. 验货包装流程

验货是确保发货准确率的重要一环,验货需要逐个扫描货物条码,不能跳扫或者手动输入商品条码。包装是确保已发货物完整程度的唯一一环,首先要选择合适的箱型箱号,其次要完全按照标准作业流程作业。确保货物安全准确只是验货包装环节最基本的功能,提高验货包装效率,提高流水线人效才是提升保税仓效益的关键。

7. 称重清关发运流程

出库和入库具有同样的重要程度,一旦出现漏称重和清关,仓库 WMS 系统和海关台账就会出现差异，给仓库带来不必要的损失。同时，称重清关发运是仓库闭环管理的最后一关，能够有效反馈仓库作业量，实施改进措施。

二、基于灰色关联度分析的案例物流服务质量评价

（一）物流服务质量评价维度指标的确定

案例的评价目标是对百世供应链旗下保税仓的物流服务质量进行评价并提出改进措施。评价对象是百世在宁波的四家保税仓库，分别是 CE 仓、XY 仓、JL 仓、TS 仓。根据上文对百世保税仓现状和业务流程的分析，发现跨境电商保税仓物流服务质量评价指标项大同小异，本书对案例的物流服务质量评价指标采用表 5.1 所示的评价指标。

（二）物流服务质量指标数据的收集及处理

本书的评价指标有定量指标也有定性指标，定量指标通过百世 WMS 系统导出数据得出，并借鉴百世供应链“双十一”总结报告。定性指标通过专家打分，采用加权平均法得出指标最后得分（见附录二至附录五），评价主体选取了四位行业专家：某天猫国际菜鸟项目经理（客户端）、某百世城市经理、某嘉里大通仓储经理和某百世跨境电商项目经理。具体数据如表 5.8 所示。

表 5.8　百世供应链四家保税仓物流服务质量评价指标状况

	CE 仓	JL 仓	XY 仓	TS 仓	标准列	权重
仓库服务多样性(g)	8.000	8.000	8.000	8.000	8.000	0.0205
仓库服务增值性(g)	8.400	7.560	8.300	6.900	8.400	0.0205
报关、转关及时性(h)	1.000	1.000	2.000	3.000	1.000	0.0077
库内作业及时性(h)	1.000	1.000	2.000	2.000	1.000	0.0077
订单处理时间(h)	4.000	4.000	6.000	8.000	4.000	0.0558
订单释放周期(h)	8.000	8.000	10.00	12.00	8.000	0.0558
异常订单处理时间(h)	1.000	1.000	1.000	3.000	1.000	0.0350
退货时间(h)	1.000	3.000	1.000	7.000	1.000	0.0200
换货时间(h)	1.000	3.000	1.000	7.000	1.000	0.0200
库存准确率(%)	99.90	99.70	99.75	99.60	99.90	0.0161

续表

	CE 仓	JL 仓	XY 仓	TS 仓	标准列	权重
货物破损率(%)	99.998	99.997	99.996	99.98	99.998	0.0180
信息准确率(%)	100.00	100.00	100.00	100.00	100.00	0.0842
发货准确率(%)	0.004	0.003	0.005	0.006	0.003	0.0838
收费合理程度(g)	8.000	6.000	6.000	7.000	8.000	0.0296
收费增值效果(g)	8.000	6.000	6.000	7.000	8.000	0.0197
投诉率(%)	0.106	0.208	0.340	0.520	0.106	0.1156
员工数量(人)	56.000	32.000	60.00	65.00	55.000	0.0148
员工学历结构(%)	70.000	65.000	65.00	60.00	70.000	0.0404
员工人效(单/小时)	10.500	7.800	11.00	5.600	11.000	0.1468
库存面积(m^2)	40000.0	6000.0	40000	36000.0	40000.0	0.0053
库存容量(库位个)	5560.00	3222.0	5780.0	5640.00	5780.00	0.0053
信息系统(g)	8.000	8.000	8.000	8.000	8.000	0.0406
操作设备(g)	8.500	7.600	7.200	7.300	8.500	0.0242
标准型作业流程(g)	7.500	7.500	7.500	7.500	7.500	0.0302
创新型作业流程(g)	7.900	7.800	8.100	7.200	8.100	0.0452
制度架构(g)	8.600	7.500	8.300	7.200	8.600	0.0236
工作氛围(g)	7.500	7.900	8.100	6.900	8.100	0.0096
库区环境(g)	8.900	8.200	8.500	7.900	8.900	0.0039

在进行物流服务质量评价之前，需要进行指标处理，因为这些指标数据比较多，也没有规律，具有不同的量纲。要使评价结果更加客观，需要对评价指标进行无量纲化，使其更加规范、标准。根据公式可得：$V_{11}=1, V_{12}=1, \cdots, V_{82}=0.333, \cdots, V_{284}=0.8876$，具体数据如表 5.9 所示。

表 5.9　百世供应链四家保税仓服务质量评价指标数据无量纲化结果

指标	CE 仓	JL 仓	XY 仓	TS 仓	标准列	权重
仓库服务多样性(g)	1.0000	1.0000	1.0000	1.0000	1.0000	0.0205
仓库服务增值性(g)	1.0000	0.9000	0.9881	0.8214	1.0000	0.0205

续表

指标	CE 仓	JL 仓	XY 仓	TS 仓	标准列	权重
报关、转关及时性(h)	1.0000	1.0000	0.5000	0.3333	1.0000	0.0077
库内作业及时性(h)	1.0000	1.0000	0.5000	0.5000	1.0000	0.0077
订单处理时间(h)	1.0000	1.0000	0.6667	0.5000	1.0000	0.0558
订单释放周期(h)	1.0000	1.0000	0.8000	0.6667	1.0000	0.0558
异常订单处理时间(h)	1.0000	1.0000	1.0000	0.3333	1.0000	0.0350
退货时间(h)	1.0000	0.3333	1.0000	0.1429	1.0000	0.0200
换货时间(h)	1.0000	0.3333	1.0000	0.1429	1.0000	0.0200
库存准确率(%)	0.9990	0.9970	0.9975	0.9960	1.0000	0.0161
收费增值效果(g)	1.0000	0.7500	0.7500	0.8750	1.0000	0.0197
货物破损率(%)	1.0000	1.0000	1.0000	0.9998	1.0000	0.0180
信息准确率(%)	1.0000	1.0000	1.0000	1.0000	1.0000	0.0842
发货准确率(%)	0.7500	1.0000	0.6000	0.5000	1.0000	0.0838
收费合理程度(g)	1.0000	0.7500	0.7500	0.8750	1.0000	0.0296
投诉率(%)	1.0000	0.5096	0.3118	0.2038	1.0000	0.1156
员工数量(人)	0.8615	0.4923	0.9231	1.0000	0.8462	0.0148
员工学历结构(%)	1.0000	0.9286	0.9286	0.8571	1.0000	0.0404
员工人效(单/小时)	0.9545	0.7091	1.0000	0.5091	1.0000	0.1468
库存面积(m^2)	1.0000	0.1500	1.0000	0.9000	1.0000	0.0053
库存容量(库位个)	0.9619	0.5574	1.0000	0.9758	1.0000	0.0053
信息系统(g)	1.0000	1.0000	1.0000	1.0000	1.0000	0.0406
操作设备(g)	1.0000	0.8941	0.8471	0.8588	1.0000	0.0242
标准型作业流程(g)	1.0000	1.0000	1.0000	1.0000	1.0000	0.0302
创新型作业流程(g)	0.9753	0.9630	1.0000	0.8889	1.0000	0.0452
制度架构(g)	1.0000	0.8721	0.9651	0.8372	1.0000	0.0236
工作氛围(g)	0.9259	0.9753	1.0000	0.8519	1.0000	0.0096
库区环境(g)	1.0000	0.9213	0.9551	0.8876	0.8876	0.0039

(三)基于灰色关联度分析的指标计算

将上述表格中的数据输入 MATLAB(Math Works 出品的一款商业数学软件),得出计算结果:

$f_{11}=1, f_{12}=1, \cdots, f_{74}=0.3913, \cdots, f_{284}=0.7922$,如表 5.10 所示。

表 5.10 百世供应链四家保税仓物流服务质量评价指标与标准列关联系数

指标	CE 仓	JL 仓	XY 仓	TS 仓
仓库服务多样性(g)	1.0000	1.0000	1.0000	1.0000
仓库服务增值性(g)	1.0000	0.8108	0.9730	0.7058
报关、转关及时性(h)	1.0000	1.0000	0.4615	0.3913
库内作业及时性(h)	1.0000	1.0000	0.4615	0.4615
订单处理时间(h)	1.0000	1.0000	0.5625	0.4615
订单释放周期(h)	1.0000	1.0000	0.6818	0.5625
异常订单处理时间(h)	1.0000	1.0000	1.0000	0.3913
退货时间(h)	1.0000	0.3913	1.0000	0.3333
换货时间(h)	1.0000	0.3913	1.0000	0.3333
库存准确率(%)	0.9983	0.9936	1.0000	0.9913
发货准确率(%)	1.0000	1.0000	1.0000	0.9995
收费合理程度(g)	1.0000	0.6315	0.6315	0.7742
信息准确率(%)	1.0000	1.0000	1.0000	1.0000
货物破损率(%)	0.6315	1.0000	0.5172	0.4615
收费增值效果(g)	1.0000	0.6315	0.6315	0.7742
投诉率(%)	1.0000	0.4663	0.3837	0.3499
员工数量(人)	0.7557	0.4577	0.8478	1.0000
员工学历结构(%)	1.0000	0.8572	0.8572	0.7499
员工人效(单/小时)	0.9040	0.5956	1.0000	0.4661
库存面积(m^2)	1.0000	0.3352	1.0000	0.8108
库存容量(库位个)	0.9183	0.4919	1.0000	0.9465
信息系统(g)	1.0000	1.0000	1.0000	1.0000
操作设备(g)	1.0000	0.8018	0.7370	0.7522

续表

指标	CE 仓	JL 仓	XY 仓	TS 仓
标准型作业流程(g)	1.0000	1.0000	1.0000	1.0000
创新型作业流程(g)	0.9455	0.9205	1.0000	0.7941
制度架构(g)	1.0000	0.7701	0.9274	0.7247
工作氛围(g)	0.8526	0.9455	1.0000	0.7431
库区环境(g)	1.0000	0.8448	0.9052	0.7922

将上述计算结果带入公式 5-8，得出 $r_1 = 0.9469$，$r_2 = 0.7974$，$r_3 = 0.8024$，$r_4 = 0.6361$。

综上所述，百世供应链四家保税仓与标准仓数据接近程度排序为：CE 仓、XY 仓、JL 仓、TS 仓。

三、物流服务质量评价分析及启示

(一)评价分析

通过评价可知，百世物流科技(中国)有限公司在宁波市的 4 个保税仓，物流服务质量最好的是 CE 仓，物流服务质量最差的是 TS 仓。CE 仓虽然物流服务质量最好，但是仍然有待改进之处。排名最后的 TS 仓在报关转关及时性、退换货时间、订单处理时间、订单释放周期、员工人效、发货准确率方面都与标准数据存在较大差距。由上述数据可以得出，影响百世物流科技保税仓物流服务质量的因素有很多，但主要是受员工人效、客户投诉率、发货准确率、信息准确率、订单处理时间、订单释放周期、信息系统等因素影响。

从上述百世供应链保税仓物流服务质量评价指标与标准仓数据关联系数可以看出，28 个指标中的某些指标数据，4 家保税仓中至少有 3 家都离目标数据有一定差距，如订单处理时间、退换货时间、员工人效、制度架构、工作氛围、收费合理程度、收费增值效果等。因此，百世物流科技(中国)有限公司在保税仓的管理过程中需要在作业流程、员工综合素质、客户沟通、增值服务方面加强改进。

(二)启示

1.作业流程要实现标准化和创新化

保税仓作业流程的优化和标准化能够提高各部门之间的协调程度，对提升仓库的作业效率，有至关重要的意义。物流企业人效问题一直是很多物流公司和物流经理人头疼的问题，因为这些员工普遍来说综合素质不高，流动性大，一旦员工离职，会给企业带来岗位空缺成本。如果能把作业流程标准化，将作业的技术、经验、方式方法以文件形式制定下来，可以为企业减少带人成本。同时，作业流程标准化可以对员工行为进行有效的控制，提升作业效率和质量，“事事方法论，工作不矛盾”。

作业流程的改进或者创新是企业提升管理水平的驱动力，作业流程的创新可以提升员工作业的灵活性和机动性。前线员工对于作业的方式方法比管理者更为了解，管理者需要充分考虑下属的意见，“人人微创新，四两拨千斤”。

2.员工培训要实现制度化和综合化

综合培训不仅能提升仓库的管理水平，还能节省人力成本，提升整个仓库的作业效率，为仓库创造更多的效益。员工综合素质不高是物流企业的普遍现象，虽然有些岗位有高素质需求，但是艰苦的工作条件让很多高素质求职者望而却步。加强已有员工的培训至关重要，对员工的培训应该制度化和规范化，强制性培训，定期考核。通过系统专业的培训，提高员工的职业素养、工作技能，让员工能有更好的发展平台，满足员工发展和自我实现的需要。

另外，除了加强对员工的业务培训，还要加强思想素质的培训，通过职工思想交流、座谈、企业文化活动、文体活动等形式，把对职工的思想教育寓于娱乐活动之中，让大家在活动中受到启发和感染，在潜移默化中受到熏陶，提升他们的责任心和对企业的认同感。这是因为：(1)仓库人员的流动性较大，一旦有人离岗，就会给企业正常生产作业造成不便，影响发货效率，应对员工进行多岗位培训，使其随时可以顶岗工作。(2)现有很多仓库员工都是农民工出身，最大的特点是情绪大，工作散漫，责任心不强。

3.异常处理要实现紧急化和高效化

提升百世物流科技(中国)有限公司异常事件处理的能力，可以从以下三方面进行：(1)确定异常事件范畴，凡是可直接影响发货速度，导致客户投诉的事件统称为异常事件。准确记录异常事件的发生并及时上报,确保处理结果达到客户要求。(2)建立异常事件优先处理机制。对发生的异常事件,制定应急预案,明确责任人员,规范处置程序,确保异常事件得到及时妥善的处理。(3)找有经验有能力的专人对接负责,划分责任,明确责任人。异常事件发生后,责任人要准确、有序、有重点地处理异常情况,并随时调整策略以应付情况的变化。

4.服务费用合理化和增值化

服务费用应对客户透明化,不弄虚作假,强买强卖。坚持以客户为中心,在为客户提供物流服务时,态度要真诚,交流要热情,业务介绍要专业,不夸大、不保留,让客户体验到亲人般的感受。维护和管理客户,提升服务质量和客户满意度。通过建立对客户需求的快速响应机制、灵活的产品服务组合,将商流、物流、信息流、资金流高效整合为一体,为客户提供个性化服务方案,帮助客户增强竞争优势,最大限度地创造价值。让客户参与对仓库的监督,提出建议,如可以让客户对项目经理直接提要求和建议,也可以在企业网站设立留言板,广泛了解客户的需求,树立以客户为中心的意识(强烈关注客户的满意度),为客户提供个性化增值服务,有效提升物流服务。通过内部的管理流程挖潜和对外部客户的优质增值服务来获得新的竞争优势。

第六章　国内外跨境电商保税仓物流服务典型案例

第一节　国外跨境电商保税仓物流服务典型案例

一、亚马逊:保税仓业务助推跨境战略

(一)亚马逊简介

亚马逊公司(Amazon,简称亚马逊),是美国最大的网络电子商务公司,位于华盛顿州的西雅图,是网络上最早开始经营电子商务的公司之一。亚马逊成立于1995年,最初只经营网络的书籍销售业务,现在则扩及了范围相当广的其他产品,2017年已成为全球商品品种最多的网上零售商和全球第二大互联网企业。亚马逊及其他销售商为客户提供数百万种独特的全新、翻新及二手商品,如图书、影视、音乐和游戏、数码下载、电子和电脑、家居园艺用品、玩具、婴幼儿用品、食品、服饰、鞋类和珠宝、健康和个人护理用品、体育及户外用品、玩具、汽车及工业产品等。

(二)亚马逊六大主营业务

亚马逊2017年的年报显示,亚马逊的业务总共分为6块,自营网上商城业务约占总营收的61%,其余的业务还包括实体店(2017年收购全食超市,被业界普遍看好)、第三方服务、用户订阅收入(即Prime会员的会费)、广告业务和自身的云计算业务(AWS),具体如表6.1所示。其中,AWS连续三年的增长率都超过50%(见图6.1)。

表 6.1 2017 年亚马逊六大业务净销售额及占比 (单位:亿美元)

业务	2017Q1	2017Q2	2017Q3	2017Q4	全年	占公司收入比重(%)
网上商城	228.26	237.54	263.92	353.83	1083.55	60.91
实体店	—	—	12.76	45.52	58.28	3.28
第三方服务	64.38	69.91	79.28	105.23	318.8	17.92
用户订阅	19.39	21.65	24.41	31.77	97.22	5.46
AWS(云计算)	36.61	41	45.84	51.13	174.58	9.81
广告	8.5	9.45	11.23	17.35	46.53	2.62

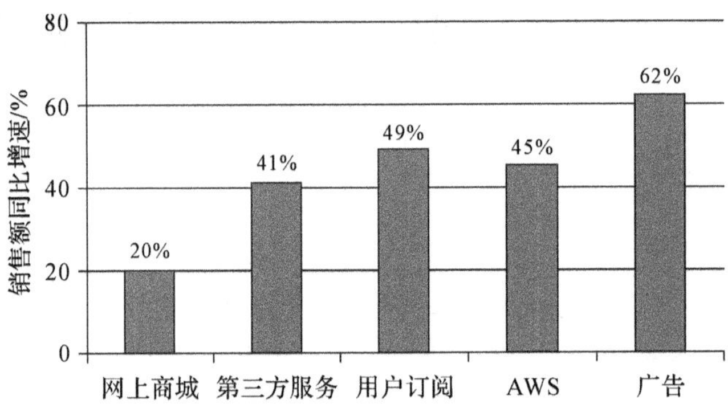

注:2017 年亚马逊开始布置线下实体店,所以无增速对比。

图 6.1 2017 年亚马逊业务增速对比

1. 网上商城业务

自营网上商城业务是亚马逊最传统的业务模块,业务包含书籍、音乐、视频、游戏和软件等一系列商品的销售,2017 财年净销售收入达到 1083.54 亿美元,占比接近 61%,较上年同比增长 20%。

2. 实体店业务

亚马逊从 2017 年才开始线下实体店业务,主力是 137 亿美元收购的全食超市,2017 年线下实体店业务的净销售额为 57.98 亿美元,占比 3.3%,主要就是全食超市贡献的。

3. 第三方服务

亚马逊通过第三方服务给客户提供交易平台和技术,并抽取交易佣金。

2017 年第三方服务的净销售额为 318.81 亿美元，占比 21.4%，较上年同比增长 41%。

4. 用户订阅

用户订阅收入，即 Prime 会员缴纳的会员费，会员费业务 2017 年的净销售额为 97.21 亿美元，占比 5.5%，较上年同比增长 49%。2017 年的这 97.21 亿美元包括 Amazon Prime 会员付费，以及有声读物、电子书、流媒体和其他 non-AWS 订阅服务总和。

5. AWS(云计算)业务

AWS 业务是相当有潜力的一块业务，很多大公司如 Netflix、Quora、Intergram 等都在使用这项业务，2015 年、2016 年和 2017 年分别实现净销售额 78.8 亿美元、122.19 亿美元和 174.59 亿美元。

6. 广告业务

广告业务是一块轻资产、高利润、高成长的业务，在做成平台垄断后价值极大。2017 年实现净销售额为 46.53 亿美元，相比于 2016 年的 29.5 亿美元，增长也同样超过 50%。

(三)亚马逊在中国的业务

1. 中国网站

亚马逊中国是全球最大的电子商务公司亚马逊在中国的网站。亚马逊中国为消费者提供图书、音乐、影视、手机数码、家电、家居、玩具、健康、美容化妆、钟表首饰、服饰箱包、鞋靴、运动、食品、母婴、运动、户外和休闲、IT 软件等上千万种产品，通过“送货上门”服务以及“货到付款”等多种支付方式，为中国消费者提供便利、快捷的网购体验。

2. 中国仓储

据统计，亚马逊在中国目前有 15 个运营中心，分别位于北京(2 个)、广州(2 个)、成都(2 个)、武汉、沈阳、西安、厦门、昆山、上海(2014 年 1 月运营)、天津、哈尔滨、南宁，总运营面积超过 70 万平方米，拥有世界一流的自动化包装流水线、商品摄影棚和图片处理平台，以及先进的订单处理系统和库存管理系统。亚马逊运营中心主要负责厂商收货、仓储、库存管理、订单发货、调拨发货、客户退货、返厂、商品质量安全等。同时，亚马逊中国还拥有自己的物流部门，可以最大限度地节约物流资源，节约买家的费用。亚马逊中国已经成为亚马逊除美国本土之外最大的运营网络。

通过亚马逊中国的不懈努力和消费者的大力支持，亚马逊中国每年都保持着高速增长，用户数量也大幅增加。在未来的发展中，亚马逊中国将进一步丰富产品种类，加强用户体验，力争以最丰富的选品、最具竞争力的价格和最优质的客户体验成为中国消费者的首选网上商城。

3. 直邮中国

2014 年 10 月 29 日，亚马逊中国宣布，即日起开通海外 6 大站点直邮中国的服务，消费者可享受到来自亚马逊美国、德国、西班牙、法国、英国和意大利在内的共计 8000 多万种国际选品。开通直邮的品类都是各个站点最具本地特色以及备受中国消费者喜爱的选品，如鞋靴、服饰、母婴、营养健康及个人护理等。亚马逊中国"海外购"服务也将开始试运营，全面拉开"海淘"攻势，开启国际品牌战略。

亚马逊海外直邮可以帮助消费者快速处理清关手续，并提供 3 种(标准、加快、特快)可选配送服务。而亚马逊美国站点大幅下调了直邮中国的国际运费并缩短了直邮配送时间，平均运送时间缩短为 9～15 天，最快 3 个工作日就可将商品送达消费者手中。

(四)亚马逊中国保税仓业务

保税仓业务是亚马逊中国跨境战略中的重要一环，也是亚马逊海外购业务的重要补充。通过亚马逊中国保税仓，消费者既可以购买到具有正品保障的海外爆款尖货，更可享受到与国内购物同样的极速送达和本地化体验。

1. 布局跨境电商

2016 年 7 月，亚马逊中国宣布与中国(宁波)跨境电子商务综合试验区签署有关出口跨境电商业务的合作备忘录，双方将通过亚马逊"全球开店"布局跨境电商，实现业务的转型升级并打造全球品牌。在将宁波设为提升物流效率的关键节点的同时，亚马逊也有意深化与该地区在跨境电商业务方面的合作，为当地跨境电商发展赋能。事实上，作为长三角地区的重要跨境电商港口城市，宁波拥有领先的跨境电商基础设施和政策支持，同时在跨境网购消费方面呈现出巨大需求，因而也成为国内跨境电商平台持续投入建设资源的"必争之地"。

2. 新增宁波保税仓，华东地区最快次日达

为了缩短跨境商品配送时间，给中国消费者提供更优的跨境购物体验，亚马逊中国继续加码跨境电商布局，在已有的香港及广州保税仓基础上又新增宁波保税仓。作为长三角地区的重要跨境电商港口城市，宁波不仅拥有领先的跨境电商基础设施和政策支持，也是目前跨境网购消费方面的领军城市之一。正是观察到以宁波为代表的华东地区在跨境网购方面的巨大需求，亚马逊在宁波设立全新保税仓，以进一步提升跨境配送时效。宁波保税仓目前覆盖了保健品、母婴、美妆、服饰和鞋靴等国际正品爆款尖货，上线后宁波仓商品抵达华北地区的配送时间较之前平均缩短了 2 天，华东地区更可享受最快次日达的配送。

3. 亚马逊中国保税仓首次加入 Prime 会员日

缩短跨境商品的配送时间，正在成为跨境电商刺激消费的必要条件。2018 年 7 月 12 日，亚马逊中国宣布，首次将保税仓纳入到 Prime 会员日活动中，并提升宁波保税仓的配送时效性，华北地区配送时间平均可缩短 2 天。亚马逊 Prime 会员日去年首次试水中国市场后，今年再度撬开中国跨境消费市场，保税仓成为今天亚马逊中国吸引中国消费者的新利器。对于跨境电商来说，配送时效直接影响着消费者的忠诚度和黏性，提升“最后一千米”的配送时效成为跨境电商抢夺市场的关键因素之一。

2018 Prime 会员日为迄今为止亚马逊规模最大、销量最佳的全球购物狂欢节，2018 Prime 会员日于 7 月 18 日 15 时结束。2018 年 7 月 19 日，亚马逊公布 Prime 会员日战绩。2018 年 Prime 会员日期间，亚马逊全球站点的中小企业卖家创造了远超过 10 亿美元的销售额。其中，包括制造商、贸易商和品牌商在内的众多中国卖家通过亚马逊“全球开店”也积极参与了 2018Prime 会员日，产品远销至亚马逊全球多个海外站点并创造了销售佳绩。数据显示，全球 Prime 会员在 2018 年会员日期间购买的商品超过 1 亿件。在中国地区，亚马逊海外购销售额同比 2017 年 Prime 会员日当天实现了百分比双位数增长；保税仓业务与去年 Prime 会员日大促期间相比总销量实现了超过 4 倍的增长。

二、麦乐购:开创“宁波云仓”业务模式

(一)麦乐购简介

麦乐购(M6go)是一家全球贸易公司。通过与国际知名品牌的合作,经由互联网向全球个人消费者提供具有独家折扣价格的时尚精品和母婴用品,其公司保证全部商品为正品。2006 年 12 月,麦乐购正式宣布进入中国大陆市场,为中国大陆母婴用户提供物美价廉的海外商品和进口商品。

网站(M6go.com)是面向中国大陆市场的正品进关,安全的母婴用品商城,为中国大陆用户提供物美价廉的海外商品。麦乐购通过与国际知名品牌的深度合作,经由互联网向中国大陆用户提供具有独家折扣价格的时尚精品和母婴用品,通过跨境电子商务形式及代销业务将货品运送到中国大陆的用户手中。为了让用户享受到更本地化的优质服务,其先后与京东商城、亚马逊、天猫商城、当当网、财付通、支付宝、新移动商城、返利网及多家商城达成战略合作关系。商城拥有雄厚的资金实力、人性化的客户服务能力、强大的技术力量。并与中华保险公司合作,保证其卖出的所有商品均为海外进口原装正品。

麦乐购在宁波、广州、重庆等地的保税区建立了仓储中心,其中国大陆客服中心建在北京。麦乐购在欧洲、美国、新西兰、日韩等国家和我国香港地区设有采购中心,麦乐购海外商品经过麦乐购国际物流转运,在自贸区或者保税区入关,然后派送到客户手中。做到从商品采购到物流、清关、配送全程监控,保证派送到客户手中的商品是海外正品。

麦乐购公司拥有雄厚的资金实力、无比人性化的客户服务和专业营养师喂养咨询服务、强大的技术力量。麦乐购在海外建立公司或专属办事处,和全球母婴用品厂家深度合作,拥有全球商品快速采购能力,及母婴用品安全识别和保障能力。麦乐购集团始终秉持着“用户至上,用心服务”的理念,坚持做到100%正品、100%安全、100%信赖,一直坚守跨境进口母婴用品的行业领军地位。

(二)经营特色

1. 正规采购渠道,货品全程跟踪

麦乐购采购的商品全部来自美国、新西兰、日韩、欧洲、澳洲等国家和我国

港台地区的厂家、代理商或者经销商等正规渠道，麦乐购会审查相关厂家或企业商家的营业执照、企业信息、法人有效证件、信誉等；麦乐购承诺所有销售的商品，100％原装正品。

用户通过麦乐购网站或手机平台下单后，商品由麦乐购境外仓或者境内自贸区、保税区仓储直接发货，再按照个人行邮物品相关规定，代办海关通关、国检等通关手续，商品由海关确认放行，最后由麦乐购境内快递配送至用户手中。

2. 中华保险正品承保

公司与中华保险公司合作，保证卖出的每一件商品均为正品，并由中华联合财产保险股份有限公司为每一件商品进行承保。公司将坚持安全诚信的交易平台，为用户提供优质、高效、愉悦的售卖服务。

3. 持《食品流通许可证》并包含婴幼儿配方乳粉销售资质

麦乐购是2010年首批获得国家食品流通许可认证的网上商城。麦乐购为正规食品销售公司，拥有《食品流通许可证》，并包含婴幼儿配方乳粉的销售资质。麦乐购食品流通许可证编号：SP1101061010026889(1-1)，乳制品(含婴幼儿配方乳粉)销售资质。

4. 以合理价位销售商品

麦乐购的创办初衷是让更多的中国宝宝吃上安全的奶粉，与国内专柜正价产品相比，麦乐购商品的平均折扣幅度在20％～50％。同时，麦乐购也不会为了获利而低价销售过期、伪劣、假冒商品。麦乐购全程做到让妈妈放心，宝宝安心。

5. 安全支付流程，放心支付

麦乐购与支付宝、财付通、网银在线、拉卡拉、支付通及多家国内银行等支付渠道合作，并成为其特约商户。保证用户购买安全的商品，同时支持全国的货到付款服务。

6. 退换货保障

符合国家法律退换范围内的商品质量问题，麦乐购均可以退换，往返国外的邮费，由麦乐购承担，保障用户零风险。

7. 用户至上原则

麦乐购始终秉承“用户至上，用心服务”的理念，坚守跨境母婴行业领军地位。

(三)麦乐购保税区业务

2014年3月，跨境母婴电商麦乐购宣布已正式和宁波保税区签署战略合作协议，宁波保税区或成为继上海自贸区、郑州保税区、广州保税区之后麦乐购海外商品进入中国的另一条绿色通道，消费者今后通过麦乐购下单购买海外母婴商品，将实现进口产品由宁波保税区派送至全国，此举将为国内“海淘族”提供安全快捷的物流服务和价廉质优的海外商品。具体合作项目如表6.2所示。

表6.2 麦乐购跨境电商保税区合作项目

时间	标志性事件
2013年11月	麦乐购与上海自贸区达成战略合作
2014年1月	麦乐购和广州保税区达成战略合作
2014年3月	麦乐购和宁波保税区达成战略合作
2014年5月	麦乐购和郑州保税区达成战略合作
2015年1月	麦乐购携手民生银行推进“跨境购”服务
2015年6月	麦乐购布局宁波跨境电商智能仓
2016年1月	和广州、重庆合作，全面启动两地自营保税仓

麦乐购依托宁波保税区开展的跨境贸易电子商务合作商品将全部采用“保税区现货”模式，麦乐购海外采购的商品将直接空运到宁波保税区，经由海关、中国检验检疫部门等相关部门办理进口手续。

麦乐购充分利用保税区在服务、功能、展示等领域的优势政策，精简办事程序，节省时间和成本；批量进口，集中报检，增加运营的灵活性。麦乐购加强了全球优质商品采购计划，在跨境电商高速发展的态势下不断满足客户对商品品类和单品的需求，深入挖掘全球口碑最佳且高品质的商品，让消费者买到的海外品牌商品更具时效性和维权保障，保税区购物模式将真正实现麦乐购海外母婴商城与全球优质商品的对接。

国内消费者通过保税区进行跨境网购，不但能够准确了解所购商品的进口日期、口岸、国家、品牌商等信息，而且商品品质和退换货等关键问题均有所保障。消费者在麦乐购官网下单后，商品由保税区快递寄出，送至用户手中，麦乐购再向海关申报并缴纳行邮税，同时保税区直接发货，大大减少消费者网购等待时间。

麦乐购将充分发挥海外资源广、综合实力强、发展思路开放、创新能力突出的优势，全力支持保税区发展建设，加强业务合作，努力实现合作多赢，配合完善保税区功能拓展和服务体系，力求打造成国内原装进口正品的第一站购物平台。

(四)“宁波云仓”业务模式

2015 年 6 月，国内领先的垂直母婴电商平台麦乐购与海陆空交通“枢纽”宁波保税区共同启动了“宁波云仓”业务模式。宁波云仓是一个具备国际水准的智能化后端供应链服务平台，集成了跨境电商的自动化仓储系统、检验检疫、运输监管、代理报关等全方位后勤服务。“宁波云仓”将从客户下单开始，到货品分拣运输再到货物被派送到客户指定地点为止，全程信息都被实时整合监控。

宁波云仓由新宁物流和宁波空港物流联合成立运营，通过资源整合，将新宁物流供应链的系统、车辆、网点资源和宁波空港物流的区位优势整合为一体，实现全国范围内更加快速的跨境电商包裹配送业务。

作为搭建起国内外母婴产品交易桥梁的麦乐购，在宁波保税区建立的“宁波云仓”项目，将全球供应链与智能化仓配一体平台进行有效结合，诠释了云仓供应链安全性和便捷性的统一。“宁波云仓”是贯通陆海联运出海口的重要节点和东北亚大通道上的交通枢纽，亦是长三角地区进出口贸易的战略要地，通过港口和航线与世界 200 多个国家和地区建立了紧密的联系，该项目的实施将使货物在宁波保税区仓储配送并过境，快速直达沿海各港口、长江沿岸城市以及江西、安徽、湖南、湖北等内陆省市的广大区域，进而辐射整个内陆，抢占跨境电商战略要地。

同时，宁波云仓还具有无可比拟的优势，不仅享受政府职能部门赋予的优惠政策，更是让国内买家收到进口货品的时间减少三分之二。只要消费者通过麦乐购下单，宁波云仓将在数小时之内完成通关，将原有的仓配流程通过智能化管理模式和科学仓储模块进行一站式输出。

“宁波云仓”项目，将全球供应链与智能化仓配一体平台进行有效结合，诠释了云仓供应链安全性和便捷性的统一。

第二节　国内跨境电商保税仓物流服务典型案例

一、网易考拉：保税仓储实现三个行业第一

（一）网易考拉公司简介

网易考拉是网易旗下以跨境业务为主的综合型电商，于 2015 年 1 月 9 日公测，销售品类涵盖母婴、美容彩妆、家居生活、营养保健、环球美食、服饰箱包、数码家电等。网易考拉以 100%正品，天天低价，7 天无忧退货，快捷配送，提供消费者海量海外商品购买渠道，希望帮助用户“用更少的钱，过更好的生活”，助推消费和生活的双重升级。

网易考拉主打自营直采的理念，在美国、德国、意大利、日本、韩国、澳大利亚等国家和我国香港、台湾地区设有分公司或办事处，深入产品原产地直采高品质、适合中国市场的商品，从源头杜绝假货，在保障商品品质的同时省去诸多中间环节，直接从原产地运抵国内，在海关和国检的监控下，储存在保税区仓库。除此之外，网易考拉还与海关联合开发二维码溯源系统，严格把控产品质量。

作为“杭州跨境电商综试区首批试点企业”，网易考拉在经营模式、营销方式、诚信自律等方面取得了不少建树，获得由中国质量认证中心认证的“B2C 商品类电子商务交易服务认证证书”，认证级别四颗星，是国内首家获此认证的跨境电商，也是目前国内首家获得最高级别认证的跨境电商平台之一。

作为一家媒体驱动型电商，网易考拉是网易集团投入大量优质资源打造的战略级产品，良好解决了商家和消费者之间信息不对等的现状，并凭借自营模式、定价优势、全球布点、仓储、海外物流、资金和保姆式服务七大优势跻身跨境电商第一梯队，并成为增长速度最快的电商企业之一。

网易考拉媒体型电商的媒体基因、与网易大平台共通的海量用户，以及包括资金、资产以及资本市场资源在内的资本优势，成为网易考拉区别于其他电商平台的持续核心优势。

(二)网易考拉七大竞争优势

1.网易考拉自营模式

网易考拉海购主打自营直采，成立专业采购团队深入产品原产地，并对所有供应商的资质进行严格审核，并设置了严密的复核机制，从源头上杜绝假货，进一步保证了商品的安全性。目前，网易考拉海购已与全球数百个优质供应商和一线品牌达成战略合作。

2.网易考拉定价优势

网易考拉海购主打的自营模式拥有自主定价权，可以通过整体协调供应链及仓储、物流、运营的各个环节，根据市场环境和竞争节点调整定价策略。网易考拉海购不仅要降低采购成本控制定价，还要通过控制利润率来控制定价的策略，做到不仅尊重品牌方的价格策略，更重视中国消费者对价格的敏感和喜好。

3.网易考拉全球布点

网易考拉海购坚持自营直采和精品化运作的理念，在旧金山、东京、首尔、悉尼、中国香港等近10个国家和地区成立了分公司和办事处，深入商品原产地精选全球优质尖货，规避了代理商、经销商等多层环节，直接对接品牌商和工厂，省去中间环节及费用，还采用了大批量规模化集采的模式，实现更低的进价，甚至做到"海外批发价"。

4.网易考拉仓储优势

通过保税的模式，既可以实现合法合规，又能降低成本，实现快速发货，所以能够给跨境电商用的保税仓是稀缺资源。

网易考拉海购在杭州、郑州、宁波、重庆四个保税区拥有超过15万平方米的保税仓储面积，为行业第一。目前，网易考拉海购已经成为跨境电商中拥有保税仓规模最大的企业。未来，网易考拉海购还将陆续开通华南、华北、西南保税物流中心。

在海外，网易考拉海购初步在美国、中国香港地区建成两大国际物流仓储中心，并将开通韩国、日本、澳大利亚、欧洲等国家和地区的国际物流仓储中心。2018年，网易考拉海购宣布更名为“网易考拉”宣告进军综合电商市场。

5. 网易考拉海外物流优势

虽说没有自建物流，但在物流的选择上，网易考拉海购把物流配送交给了中外运、顺丰等合作伙伴，还采用了更好的定制包装箱，让用户享受标准化的物流服务。网易考拉海购已建立一套完善的标准，通过与中国外运合作整合海外货源、国际运输、海关国检、保税园区、国内派送等多个环节，打通整条产业链。

6. 网易考拉充沛资金优势

网易考拉海购借助网易集团的雄厚的资本，可以在供应链、物流链等基础条件上投入建设，同时也能持续采用低价策略。虽然网易考拉海购有网易的雄厚资金做后盾，但其一开始并没有大动作，反而集中精力做基础准备工作，如拿地建仓、外出招商、梳理供应链等。

7. 网易考拉保姆式服务

对于海外厂商，网易考拉海购能够提供跨国物流仓储、跨境、供应链金融、线上运营、品牌推广等一整套完整的保姆式服务，解决海外商家进入中国的障碍，省去了他们独自开拓中国市场面临的语言、文化差异、运输等问题。网易考拉海购的目标就是让海外商家节约成本，让中国消费者享受低价。

(三)网易考拉保税仓建设

作为跨境电商第一阵营的网易考拉海购，自成立初就主攻自营直采，配套保税仓模式，一跃成为跨境电商的“黑马”，而其保税仓储面积更是跃居行业第一。2015年12月，网易在宁波设立了25万平方米的智能化保税仓，依据网易考拉海购方面的规划，宁波保税区仓储将作为国内保税区仓储布局的核心来经营。2016年3月底，网易考拉海购在其召开的“2016战略发布会”现场，首次公布了杭州、宁波、郑州、重庆四地的仓储面积，合计15.2万平方米。2016年以来，跨境电商行业竞争更为激烈，而以仓储为代表的硬实力竞争体现得最为明显。行业领头羊网易考拉海购更是处于持续扩容的状态，仅在3个月内，其在宁波和杭州两地就增加了5.9万平方米的保税仓。

作为国内跨境电商平台的霸主之一，网易考拉海购很早就将宁波视为仓储建设的重镇。2018 年 4 月，网易考拉海购的供货实体网易环球购有限公司同宁波港国际物流有限公司正式签订了仓储合同，意味着网易考拉在宁波仓储业务布局的进一步深化。截至目前，网易考拉的线下仓库已分布于杭州、郑州、宁波、重庆四处保税区，成为国内跨境电商中拥有保税仓规模最大的企业。作为连接境外商品与消费者的“绿色通道”，保税仓在提升物流体验方面优势明显。作为网易考拉海购在国内保税区仓储布局中投入最多、规模最大的项目，宁波仓的建设将进一步提升网易考拉海购在跨境电商行业中的仓储和物流优势。宁波仓项目不仅仅是网易考拉海购一次重要的仓储布局升级，也将帮助当地实现产业升级。

为了保证宁波仓的领先性和标准价值，网易考拉海购还全权委托了全球电商巨头亚马逊管理团队与中国美术学院风景建筑设计研究院设计团队，保障宁波仓项目在设计、功能、环保等方面的和谐统一。建成后的宁波仓将采用自动化、模块化、智能化的管理模式，并充分发挥网易作为媒体和公众平台的大数据分析优势，致力于打造一个世界一流的跨境电商全品类母仓。网易自营直采的各类商品可以更迅速地从世界各地抵达宁波。相当于网易考拉海购在其他各地保税区仓储面积总和的宁波仓，不仅极大地提升国内海购用户的物流体验，也为社会节省了大量能源和资源。

宁波保税区正以独特的区位、资源和政策优势为依托，开展与跨境电商、跨境购金融服务等全方位、深层次合作，加快宁波网上丝绸之路建设。高标准的网易考拉海购宁波仓项目，也将积极带动保税区内物流仓储行业的发展。

(四)三个行业第一呈现“软实力”的保税仓物流服务

仓储的扩容是网易考拉海购的核心优势之一，也是其硬实力的重点体现。网易考拉海购，除了着重物流仓储链外，还本着其一贯的态度和专注的理念，坚持“全品类恒温储存”“入仓全检”“次日达”，开创三个“第一”行业新标准。

1. 首家开创“入仓全检”的跨境电商

对于用户而言，选择跨境电商平台的首要标准是正品，但往往最终引起投诉的是物流和售后，因为瑕疵品、包装变形等情况不胜其扰。为了大大降低这类商品带给用户的不良体验，网易考拉海购本着平台自律的原则，率先推出了入仓全检的模式来保证商品质量。根据商品的品类和特性，网易考拉海购制定了严格的质检及收货标准。比如奶粉罐体的凹陷不得超过褶皱，凹陷的直径不能超过 2cm，宽度不能超过 2mm。同样网易考拉海购的工作人员会对每一件商品的包装完整性、有效期等多个维度进行检查，提高进入仓库的门槛，有效规避瑕疵品、过期产品造成的不好的用户体验。

2. 首家支持“全品类恒温储存”的跨境电商

面对夏季高温可能带来的商品变质问题，网易考拉海购 2016 年 6 月底已率先启用恒温仓，全力保障商品品质，尤其是软糖、果泥、胶囊一类对温湿度较为敏感的商品。为了高效存储和作业，网易考拉海购耗费巨资打造了超 5000 平方米的恒温仓库，对温度和湿度有较高要求的商品已经分门别类地存储于恒温仓中，24 小时无休的空调和恒温装置全力保障商品控制在最适宜的温度。网易考拉海购希望借助高效、高质的存储方式最大限度地减少质变情况的发生，让用户放心购买、放心使用网易考拉海购的商品。

3. 首家主打“次日送达”的跨境电商

随着跨境电商的发展逐渐走向成熟，用户对海外商品送达的预定周期从以往的 15 天左右已经压缩至 2～3 天。网易考拉海购通过联动海关、仓储、物流多方，率先将“次日达”提上了议程，在末端配送的高效服务大大超出了用户的预期。

2016 年 4 月底，网易考拉海购启用“次日达”物流服务，支持次日达服务的区域，只要在每日 14:00 前下单，就可享受“次日 24:00”前送达的服务。目前“次日达”服务覆盖杭州仓、宁波仓发货的绝大多数商品，服务区域包含浙江省和上海市近 50 个区县。同时，网易考拉海购还在马不停蹄地筹备更多的覆盖区域，力争早日让更多客户享受到该项服务。正是由于软、硬实力的相辅相成，网易考拉海购的发货及时率达到了 99.97%、发货速度远快于其他平台；同时，网易考拉海购的错发率为万分之三、用户破损投诉率仅为万分之八。

二、京东：区块链技术跨境溯源保证保税仓备货质量

(一)京东商城简介

京东商城是中国的综合网络零售商，是中国电子商务领域中受消费者欢迎和具有影响力的电子商务网站之一，在线销售家电、数码通信、电脑、家居百

货、服装服饰、母婴、图书、食品、在线旅游等 12 大类数万个品牌、百万种优质商品。京东在 2012 年的中国自营 B2C 市场占据 49%的份额，凭借全供应链继续扩大在中国电子商务市场的优势。京东已经建立华北、华东、华南、西南、华中、东北六大物流中心，同时在全国超过 360 座城市建立核心城市配送站。

2017 年 4 月 25 日，京东集团宣布，为了更好地向全社会输出京东物流的专业能力，帮助产业链上下游的合作伙伴降低供应链成本、提升流通效率，共同打造极致的客户体验，京东将正式组建京东物流子集团。京东物流子集团将拥有更加独立的经营权和决策权，并致力于与商家和社会化物流企业协同发展，以科技创新打造智慧供应链的价值网络，并最终成为中国商业最重要的基础设施之一。

京东物流子集团为合作伙伴提供包括仓储、运输、配送、客服、售后在内的正逆向一体化供应链解决方案服务、物流云和物流科技服务（无人机、无人车、无人仓、无人配送站等）、商家数据服务（销售预测、库存管理等）、跨境物流服务、快递与快运服务等全方位的产品和服务，还联合京东商城共享线上线下渠道资源，并联手京东金融推出创新性的供应链金融产品和保险产品。

（二）京东利用区块链技术进行防伪追溯

1. 京东区块链防伪追溯平台

通过进口商品的“扫码”溯源介绍，让用户生动体验了区块链技术的实际应用。京东联合监管部门、第三方机构和品牌商共同打造了全链条闭环的“京东区块链防伪追溯平台”，并与商品进口链条上的各个合作伙伴，共同发起成立了“跨境溯源联盟”。

具体而言就是京东全球购上的部分进口商品，已实现通过“扫码”就能看到溯源信息的全部展示。从原材料生产阶段，到海外仓储、出口报关、国际物流、海关清关、国内配送等各个环节，都有参与主体独立记录的相关信息。由于区块链上的信息都不可篡改，数据来源真实，联盟主体间互相严格监督，从而防止了有人在海淘的过程中“动手脚”，卖假货、以次充好、物流单造假的戏码将无法上演。同时，也为商品的逆向精确追踪提供了有效解决方案。

此外，京东全球购还通过国家质量监督检验检疫总局的商品溯源系统“双重管控”产品来源和品质，凡是进入宁波、天津以及广州的京东保税仓的商品，均需经过严格检验并粘贴国家质量监督检验检疫总局印制的溯源码。商品送达后,用户只需用手机扫描一下溯源码,就能知道该商品产自哪个工厂,以及各类质量、物流和监管信息了。

2. 京东跨境溯源联盟

一方面是在自有仓储及技术方面的发力,另一方面京东全球购也在发起联盟,联合多方以在商品品质和服务保障上形成合力。据了解,京东全球购已成立了跨境溯源联盟,联盟成员包括中国出入境检验检疫协会等行业权威机构,沃尔玛、好奇、达能、莎莎、Rakuten、易贝精选等 20 大全球知名品牌商以及德迅、亚致力等国际性的货运服务商等合作伙伴,覆盖美国、德国、日本、法国等全球热门的跨境电商商品输出国,商品主要涉及母婴、个护、食品等主要进口品类。

据京东方面介绍,该联盟成立后,保税备货和跨境直邮两种形式的跨境电商供应链信息已被打通。在保税备货方面,京东物流固有的海外仓、保税仓和国内仓配服务自成一体;在跨境直邮方面,京东物流则会在近期上线全链路可视化系统,满足用户随时查询商品订单的需求。

(三)京东南沙保税仓:京东全球购的典范

庞大的备货依靠的是京东高能的跨境物流网络,据介绍,目前京东共有 110 多个海外仓,近千条全球运输链路。在国内,京东在 10 余个跨境口岸设立了保税仓,包括重庆、郑州、天津、宁波、广州等,覆盖全国。再加上中国全境的京东自有配送网络,"保税备货"模式享受到缩短至分钟级的保税清关时效,京东 90%的海外商品能在 72 小时内送达,国内一、二线城市实现当日达或次日达,甚至最快履约仅需 1.5 小时。

京东全球购通过提前把海外商品货物存储在国内保税仓,省去了用户漫长的等待时间,使用户在海淘中也能享受和购买国产商品一样快速的物流体验。在京东自营保税仓中,广州的南沙保税仓是京东最大的自营保税仓,仓储占地面积 3.8 万平方米,现库存储存货品约 500 万件,SKU 有 7376 个,平台商家 108 家,商家日均单量在 4000 单左右。目前,南沙仓主要是以海运直达入库方式为主的母婴类产品。此外,南沙保税仓因其地理位置及存储空间优势,还承担部分"一地发全国"的功能。

保税仓的进口货品采用的是“保税备货”跨境电商模式，这意味着用户在京东全球购下单某件商品后，包含南沙仓在内的京东保税仓能快速地在海关完成产品订单、支付信息单和物流单的“三单对碰”，清关时效缩短至分钟级。

京东南沙保税仓向外界展示了京东全球购在区块链、商品溯源链路体系、一体化仓配服务方面的进展。同时，京东方面宣布，除涉及商业机密和国家法律法规禁止的以外，京东全球购全链条、全流程全面开放，随时接受用户、媒体、独立社会组织的监督。京东借助高效的运营模式和区块链等高科技技术，将能更好地把控商品来源和品质，确保用户优质购物体验，“海淘”也将变得越来越令人放心。

1. 全链条溯源

据了解，京东全球购是首个在全链条采用区块链技术溯源的跨境电商平台。借助区块链技术，将商品原材料过程、生产过程、流通过程、营销过程的信息进行整合并写入区块链，实现精细到一物一码的全流程正品追溯。例如，消费者在购买了匹配区块链技术的商品后，将能够查看到商品配送过程中的起运日期、起运城市、运输方式、入境报关单号等一系列信息。这些信息是由监管部门、第三方检测机构、品牌商、渠道商、零售商等主体共同配合完善的，其中区块链的数据签名和加密技术让全链路信息实现了防篡改、标准统一和高效率交换。

2. 三仓一体化服务

目前，京东全球购分为两种购买模式：一种是跨境直购模式，消费者在京东全球购下单，国际供应链通过海外集货/备货直发到手；另一种是跨境保税模式，商品首先由国外进入保税仓，当消费者下单后，在保税仓内进行商品清关、分拣及配送。京东跨境直购已覆盖了四大洲，贯穿 30 余条网络，从美国洛杉矶直邮到国内消费者手上仅需 5 天时间。京东相关人士表示，跨境保税物流方面，在分钟级的清关时效下，国内一二线城市可以实现当日达或次日达，90％海外商品 72 小时内送达，最快履约 1.5 小时。

而这两种模式背后的时效，来自于京东“海外仓＋保税仓＋国内仓”三仓一体化服务。据了解，京东为海外品牌提供了包括海外仓储、国际运输、跨境保税仓、国内配送等跨境物流解决方案。同时，京东全球购已经建立了荷兰、杭州、广州、郑州、宁波等多个海内外保税仓，加强与国际供应链、保税仓的无缝对接。其中，目前京东拥有10余个自营保税仓，包括重庆、郑州、天津、宁波等，覆盖全国。保税仓由京东运营，设备搭建、工作人员、货物管理等都是京东自营。

(四)京东天津保税仓的全过程服务管理

1.售前：六道标准，入仓严检

售前，京东全球购在遴选商品环节设立了6个标准，所有的商品需要经过国外政府机构认可、品牌官方授权、原产地直采、买手甄选、海关监管和入仓严检。在这6道门槛中有任何一环不合标准，商品都不能够上架销售。

京东全球购位于天津滨海新区保税区津滨大道的保税仓，涵盖存储区、分拣区、收货区、发货区等，其中分拣区总面积1400平方米，收货区面积630平方米。商品在通过海关后会进入待验货区，之后到达验货区。

在验货部分，京东全球购和英国质量安全服务机构ITS(Intertek Testing Services)合作，所有商品必须接受拆箱检验的入库检查，检验后会被划分为合格品或不良品两类，其中瑕疵品一律做退货或销毁处理。

在通过外观检查后，商品会被送到实验室检测是否含有不良化学成分。此外，每个品类的商品平均需要经过50多项的检验指标才能最终完成检查。

对于新引入的供应商，京东全球购初期会查验每一批次商品。当和供应商建立起分级管理和信用互信后，则改为抽验。

检验的目的一方面在于检验商品真伪，另一方面在于保证用户体验。在较长的国际物流链路中，商品的安全性和性能很可能会受到外界影响。

经过检测的商品随后进入存储区，仓库按照货物分为机油区、个护区等，拣货工作在这里完成。

仓库日常检查由京东内部人员进行，第三方在此基础上进行二次检查，比如商品是否在日常储位上、仓库内摄像头是否正常作业、货物码放是否合规、消防环境是否正常等。这一环节，京东全球购和瑞士检验、鉴定、测试和认证机构SGS进行合作。

跨境商品真假难辨、流通信息不透明、物流慢、退换货困难等一系列问题困扰着许多消费者。为了保障货源正宗以及运输安全，京东全球购对包括国外政府机构认可、品牌官方授权、原产地直采、买手甄选、海关监管、入仓严检这几道关卡，都进行了严格管理。京东全球购与美国、德国、荷兰、日本、韩国等国家的政府机构合作，与数百个国际一线品牌、行业巨头达成直接采购的协议，从源头给予海外购用户正品保障。

同时，京东全球购借助“买手团”提升商品入驻门槛，升级“原产地直采”模式，还在日韩美法泰等地设立办事处，深入产品原产地，直接对接品牌方、工厂、大型商超和全球顶级供应商，从源头杜绝假货、保证商品质量。为确保商品质量，所有商品在进入自营保税仓时都要接受拆箱检验的入库检查，入库检查针对不同商品，分为 9 类标准，标准条文细致入微，甚至包括儿童玩具有毛刺都属不合格，而入库检查中发现的瑕疵品一律做退货或销毁处理。

另外，在出库时，拣货人员会根据手持终端中系统规划的最优路径到对应的储位前，拿到正确的商品，再交到生产区域，进行复核和打包。打包人员则会根据商品易损易碎程度选择填充气柱、气枕或气泡垫。

2. 售中：区块链溯源，第三方抽检

在销售过程中，除了有自营保税仓、自建物流体系和中国质量认证中心的背书之外，京东全球购还通过其他辅助措施来把控品质。

为了让商品信息更透明，京东还搭建了“京东区块链防伪追溯平台”，借助区块链技术，将商品原材料过程、生产过程、流通过程、营销过程的信息进行整合并写入区块链，相当于给每件商品配了一张身份证。消费者下单后扫码就可以看到商品全程的流通信息。截至 2018 年 7 月，京东区块链防伪追溯平台上已有超过 10 亿件商品实现可追溯。

同时，对于在售商品，京东全球购利用“溯源检查”进行质量二次把关。由鉴定专家、审核专家、专业买手、普通消费者、媒体等组成的溯源检查团，深入原料种植区、生产现场、仓储物流场所进行检查，确保品牌商按标准从源头把控商品品质。

此外，在售商品将进行不定期抽检，由第三方机构人员充当“神秘买手”模拟真实消费者匿名下单，收货后送往检测机构，从下单起到送往检测机构全程公证。

京东也与天祥集团、通标标准技术服务有限公司、中国检验认证集团、华测检测认证集团成立“安心购”质检联盟，由联盟成员单位对京东全球购商品进行第三方抽查和实验室检测工作。

3. 售后：侵害用户，罚款百万

在售后环节，京东全球购实施了13项名为售后无忧的保障举措和9项特色服务项目。前者主要针对售后中的普遍痛点和可能遇到的常见问题，包括设置专属客服团队、对侵害用户权益的商家罚款百万等；后者则是针对用纸尿裤过敏、安全座椅出故障等某类产品的售后服务举措。此外，京东全球购一并推出“神灯管家”“闪电退款”等服务，并且配有由外部的多位行业专家组成的第三方独立调查团协助消费者维权。

三、执御：提升海外保税仓服务质量抢占中东市场

在传统服装企业纷纷陷入困顿并多方谋求转型的当下，专注于全球时尚消费产品的跨境电商龙头企业——浙江执御信息技术有限公司迅猛发展，其全球销售额正在以每年4～5倍的速度猛增，一年出口的时尚产品高达1000万件，而库存产品却几近为零。

（一）执御在中东市场的成绩

JollyChic（执御），执古之道，以御今之有：构建“一带一路”移动电商新生态，为消费者带来无国界的品质生活。执御背靠整个中国乃至全球的供应链，寻找了一个新市场，花费时间去了解这个市场以及这个市场的用户需求，采用本土化战略＋优质供应链打造“中东第一购物APP”。执御凭借自身优势把长三角、珠三角数千家中小制造企业的货物卖到中东，成为当地最知名电商公司。简单来讲，JollyChic就是跨境B2C移动端购物平台，卖家在国内，买家主要在中东。

中东地区经济结构简单，严重依赖石油资源，主要商品都是依赖进口。在电商发展之前，中国和中东就已经保持着良好的贸易合作关系。中国制造的服装、玩具、家具、日用品等在中东地区当地市场上占据着重要地位，这是中国跨境电商的天然优势。

短短几年间，浙江执御的营业额从2014年的1亿人民币发展到2017年的50亿人民币，日单量已经超过Souq（中东地区最成功的电子商务平台）。可

以说，执御是第一家从中东市场淘到金的中国跨境电商，并因此而发展壮大，如图 6.2 所示。

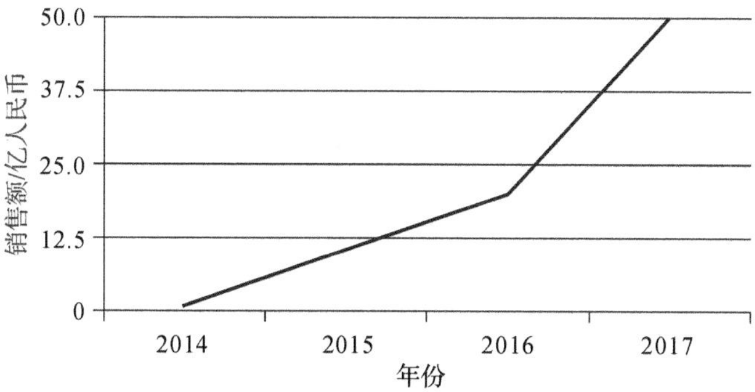

图 6.2 2014—2017 年执御销售额

从 2015 年起，执御旗下的购物 APP JollyChic 已经成为中东地区知名度最高的移动电商平台之一，也是 GCC(Gulf Cooperation Council，海湾阿拉伯国家合作委员会)海外国家里面排名第一的移动端购物平台，覆盖了中东将近 80％的网民。经营产品包括服装、鞋包、配饰、家居、母婴童玩、美体护肤与 3C 等，覆盖全球多个国家和地区，注册用户已超过 2000 万人。其销售额也是逐年上涨。执御的发展历程简要如表 6.3 所示。

表 6.3 执御 JollyChic 发展历程

时间	事件
2012 年 12 月	浙江执御成立
2013 年 3 月	获得天使投资
2013 年 7 月	旗下 JollyChic 平台上线
2014 年 11 月	获得 21 项自主研发软件著作权
2015 年 5 月	上市企业富安娜、浙江富润产业资本投资
2015 年 6 月	成为中国(杭州)跨境电商综试区首批试点企业
2015 年 11 月	JollyChic APP 成为中东地区移动购物领先者
2016 年 5 月	君联、达晨、鼎辉等国内一线机构数亿元 B 轮融资
2017 年 6 月	华侨华人跨境电商合作联盟创始成员

续表

时间	事件
2017 年 9 月	执御收购中东闪购电商 MarkaVIP,增加新的销售渠道
2018 年 3 月	入榜杭州市准独角兽企业
2018 年 5 月	获得数亿美金的 C 轮融资

(二) 执御在中东市场的经营特色

1. 出类拔萃的供应链

执御在供应链管理中,分为前端和后端两个项目组。前者负责采购、仓储环节的作业监控与协调,重点关注发货时效、缺货率和库存健康度指标;后者负责运输、配送环节的作业监控与协调,重点关注包裹妥投时效与妥投率指标。2016 年,执御在中东市场海外仓开建,分布中东海湾国家,目前已建成中东地区最大的单体海外仓。当地仓库的建成,将之前平均 10～15 天的派送时间,缩短为最少 2 天,实现了业内领先水平。

2. 差异化竞争

在执御重点发力中东市场之前,中东的电商老大 Souq 主要以电子产品为主,时尚产品种类较少;另一家电商 Namshi 虽是以时尚产品为主,但主要是 Nike 等欧美品牌,其他类目较少。因此,执御就以时尚女装这个市场上稀缺的品类切入了中东。并且,与阿里巴巴速卖通等主营低端产品的平台不同,执御进行差异化定位,主要客户是 25～40 岁的中东女性,这个群体的海外顾客对价格不那么敏感,需求更旺盛,消费面也更广。

3. 自营模式

执御目前主要是自营模式,和供应商合作。供应商供应商品,执御在海外市场进行定价销售。供应商计算好利润空间,以供应价格向执御提供商品,将货品发到执御的国内仓库。执御制定零售价格,并负责后续的运营、推广、头程和最后一公里物流。目前,最后一公里的派送是和以电商为代表的中国第三方物流以及中东本地的物流公司合作。

4. 本土化

执御在本土化上做了非常快速和完整的布局,目前海外员工已经上千,并涵盖了营销、物流、仓储、售后、运营等所有职能。

本土化分为经营理念本土化、商品本土化和人力资源本土化。在经营理念本土化方面，执御于 2016 年加入了“电商＋本地网红”的新型营销模式，通过自制视频、与本地有影响力的网红合作等形式，在 YouTube、Facebook、Twitter、Instagram 等社交平台上发布潮流资讯和相关线上活动。此外，在商品的本土化上，由于中东地区的风俗习惯差异，长袍是当地的必备服装，为此，执御专门根据中东用户的需求，请优秀的设计师将时尚元素融入中东长袍中，除了时尚服饰，执御还推出了家居类的高级定制系列。最核心的就是人力资源的本土化，执御建立起一套本土化人力资源管理体系。目前，执御总部设立在杭州，在沙特、迪拜、美国硅谷等地都有分公司，海外机构 90％的员工都是当地人。在本土化的路径中，执御已投入使用了多个海外仓。

5. 创新“买手机制”

为了打造出类拔萃的供应链，执御还开发了专业招商团队＋资深买手团队。招商团队掌握丰富的商务资源，定期开展各类型招商会，为合作的海内外供应商提供专业的商务对接和供应商培训服务。买手团队具有丰富的品牌操作经验，不仅了解目标市场的风俗习惯和消费者购物理念，还能够精准把握市场信息，预测流行趋势。在深入摸清市场及客户需求的基础上，执御重点创新了买手机制，链接市场需求与优质商品，建立了以买手为核心的选品和商品上线流程。执御有一支由近百名全国各地的资深买手组成的买手团队，买手团队对产品负责，需要对每一件产品进行把关，除了能够第一时间洞悉时尚资讯之外，还要在全国各地迅速发掘好货。现在，执御凭借这一创新的买手机制，可以做到在 JollyChic 上每天上新 500 个新品，使自己的商品永远处在时尚前沿。

6. 数据大脑

“数据大脑”是执御自主研发、拥有完全自主知识产权的基于数据驱动的智能化营销和运营系统。目前“数据大脑”能够与 Google、Facebook 等海量数据平台实现无缝接入，从而顺利获得用户的行为及兴趣爱好等信息，以达到全面了解客户的目的。面对逾千万的注册用户，执御已经可以实现智能推送、万人万面，实现精准营销。另外，执御利用移动互联网的创新模式结合大数据应用，将消费者的需求与供应商的生产力相契合，按照前端的市场需求跟供应商的生产能力去配合，根据大数据的预测进行按需采购。

"一带一路"背景下，跨境电商行业呈现巨大商机。我国跨境电子商务优势主要体现在数字化营销、移动支付、跨境供应链协调等方面，执御是其中的佼佼者。而2014年中东地区跨境电商年销售总额为70亿美元，2015年则是翻倍达到了150亿美元。"一带一路"倡议的提出，正为跨境出口带来利好信息，执御的发展顺应了中国跨境电子商务以创新思维推动产业转型和经济结构调整的独特优势。政府鼓励互联网企业"走出去"不仅有利于拓展海外渠道，扩大市场规模，还可以参与国际竞争，创新盈利模式，最终通过先发优势，打造一批颇具规模的跨国旗舰企业。执御作为跨境B2C贸易的先驱者，有着自己的先发优势，而且颇受政府重视和政策支持。

四、环球易购：差异化经营＋科学备货

（一）环球易购经营业绩

环球易购是中国有名的跨境B2C电子商务公司之一。公司出口业务主要包括自营网站销售、第三方平台入驻，进口业务主要包括B2C自营、第三方平台与渠道等。公司主要经营休闲服装、电子产品、婚纱礼服、手表、玩具等品类，在多个自建垂直网络销售平台上在线销售的SKU有20万种之多，销往全世界200多个国家和地区。

据电子商务平台跨境通财报显示，2017年跨境通营收超百亿人民币（140.18亿），其中环球易购营收高达114亿，增幅近60%。

为了顺应时代趋势，环球易购重点打造跨境电商自营平台，完成对全球主要国家和地区的跨境电商自营平台的布局；加强全球采购体系建设；重点打造自有渠道品牌和自有产品品牌，争取孵化几个世界级的自有品牌，扩大自有品牌的市场份额；加大大数据、人工智能、云计算、区块链等互联网技术的研发投入，逐步形成技术在业务战略层的牵引能力，实现公司业务发展从"业务推动"到"技术驱动"的战略性升级；等等。

（二）环球易购经营特色

1. 差异化经营和多渠道布局

跨境电商主流市场、主流平台竞争激烈已是不争的事实，但当前多数中小卖家仍过度依赖于亚马逊、eBay、速卖通等第三方平台，缺少多渠道布局的意识。如果将平台卖家按照高、中、低的三个价格区间划分，在低价区间内，聚集了70%以上的卖家，没有利润，却又面临最激烈的竞争压力。除此之外，平台卖家的经营活动又过多地受到平台方的牵制，即便是平台规则、政策的轻微调整，也可能给卖家带来关店、封号的后果。

跨境电商行业发展快速，随着京东、阿里巴巴等拥有资源优势、规模优势的国内电商巨头的介入，跨境电商市场竞争越来越激烈。在此情况之下，差异化市场竞争尤其重要。环球易购在经营战略上，以自营渠道运营为主，第三方渠道运营作为重要补充，在不同的区域市场采取差异化市场竞争策略。

在电商行业发展快速、人口体量相对较小的国家和地区，环球易购通过售后服务本地化、采购本地化、运维本地化等一系列有效措施，在这些市场区域获得稳定的市场空间。比如环球易购旗下B2C跨境电商平台Gearbest，主要布局小语种等新兴市场地区，避开了其他电商巨头优势市场区域，并依托中国制造优势及环球易购全球供应链管理体系发挥品类丰富优势，加之环球易购全球仓储物流体系、强大的线上引流能力和运营团队，Gearbest迅速在新兴市场建立起竞争壁垒。

在电商行业发展较为成熟的欧美市场，环球易购则以自营垂直电商网站切入主流用户群体，其中ZAFUL以泳装为突破口，带动时尚运动周边品类的销售，成为一个以时尚运动场景化运营的垂直类购物网站；Rosegal以大码服装为突破口，服务于体型偏胖的客户群体，拓展周边品类。

与此同时，环球易购还充分利用其全供应链管理的优势，积极拓展Amazon、eBay、aliexpress、Wish等第三方平台渠道的跨境出口业务，积极在第三方电商渠道开设店铺，提升了公司经营的边际效益。跨境通2017年财报显示，报告期内，公司跨境出口第三方平台营业收入达到555861.20万元，占跨境出口业务营业收入的42.82%。

除此之外，基于当前海外消费者网购习惯和浏览设备的变化，跨境电商行业PC端流量逐渐向移动端倾斜已成为定势，环球易购也加强了对跨境出口业务移动端的建设，提高在移动端的研发投入。跨境通2017年财报显示，报告期内，公司跨境出口自营网站（含移动端）实现营业收入744458.07万元，占公司跨境出口业务营业收入的57.25%，而其中公司移动端实现收入240772.32万元，占公司跨境出口自营网站（含移动端）营业收入的32.34%。

2.科学备货降低运营风险

近年来，为改善消费者购物体验、获取市场竞争力，海外仓、FBA（Fulfilment by Amazon，亚马逊代发货服务）成为倍受平台和卖家青睐的物流方式。但对于卖家而言，海外仓、FBA同样也暗藏风险——除了头程、尾程的高额费用，备货需占用大量的资金，存货周转率大幅下降，极易造成资金链断裂，且一旦出现滞销问题，海外仓的备货退回国内代价巨大，尤其是对于客单价较低的货物，退货成本甚至超过货物本身价值。

作为年收百亿的跨境电商龙头企业，存货问题也是环球易购极为关注的。在过去几年里，环球易购跨境电商业务处于快速发展期，在业务收入快速增长的同时，其存货规模快速增加也带来了一定的库存积压风险和减值风险。认识到这点后，环球易购便通过各业务环节获取运营数据，针对产品开发阶段、新品试销期、产品成熟期、产品衰退期，进行不同流程环节的配套算法模型开发，对存货和滞销品进行实时动态管理。

跨境通财报显示，2017年公司营业收入较2016年增长64.20%，存货增长率为50.81%；2016年公司营业收入较2015年增长115.53%，存货增长率为217.92%。从绝对增长金额来看，2017年末存货较2016年末增长13.07亿元，2016年末存货较2015年末增长17.64亿元。环球易购存货的增速相比营业收入的增速明显放缓，存货规模得到了有效控制。

3.构建品牌化优势

2018年年初以来，卖家面临着流量、物流甚至于纸箱等综合成本的上涨，同时印度、越南等国家更具价格优势的产品，也给中国卖家带来了极大的冲击，无利润且无价格优势，便是当前中国卖家面临的尴尬境况。尤其是中小卖家，供应链结构较为单一，产品也趋于同质化，品牌化更是成为其心中遥不可及的“大卖专属”，生存愈发艰难。

当前整个跨境出口行业面临着品质化、品牌化的趋势，过去的这些年，跨境电商的产品正在从价格的比拼，演变到品质、品牌的比拼，从满足消费者最基本的消费需求到满足其有格调的需求。所以，对于跨境电商企业来说，也面临着从产品、供应链、运营模式、营销体系到客服体系的全面升级，这也是环球易购正在经历的。

环球易购的品牌化建设，一方面是提升自营渠道品牌认知度，力争将自有渠道品牌 Gearbest 在多个国家和地区打造成本土排名靠前的电商渠道品牌，将自有服装渠道品牌 ZAFUL 打造为全球服装类 B2C 跨境电商网站中的知名品牌。通过打造自有产品品牌 Langria、Mpow、Excelvan、Floureon、Souaiki 等，建设自有品牌矩阵，提升公司综合溢价能力，2017 年自有品牌销售占比 30.66%，与去年同期相比提升 34.12%。另一方面环球易购赋能国内出口商家，助力中国品牌进军海外市场，进一步加大与一、二线品牌供应商的采购合作力度，提升品牌采购的集中度，并与小米、华为、海尔、联想、大疆、ilife、台电、cube、chuwi 等品牌供应商建立了良好的合作关系，为环球易购供应商品牌化升级带来了明显的效果。

与此同时，环球易购进一步加强其全球采购的供应链管理体系，构建其产品的差异化竞争优势，将其优质的供应链资源共享，赋能中小卖家，在与国内货源供应商的合作时将重点转向“分销直上”模式，开放自身在跨境电商经营中总结的经验和低成本的流量、低成本的供应链资源，打造 Chinabrands 这个以产品分销为基础，面向国内外跨境电商卖家提供“海量优质货源，全球一件代发”服务的跨境出口分销平台，提供覆盖全球的销售网络，以及供应链金融、品牌海外推广、海内外仓储物流、跨境通关等全方位综合服务，帮助中小卖家解决供应链、货源及品牌服务升级方面的难题。

第七章　提高跨境电商保税仓物流服务质量对策建议

对如何提高跨境电商保税仓物流服务质量可以从政府宏观和企业微观两方面提出对策建议。政府宏观对策方面包括:优化发展环境、完善支撑服务体系等;企业微观对策方面包括:转变观念、提供全过程物流服务、提供个性化方案、建立物流管理制度、运用现代信息技术、降低物流服务成本、加强人员培训等。

第一节　政府宏观对策建议

一、优化发展环境

围绕如何提高跨境电商保税仓物流服务质量,政府从优化跨境电商发展环境着手,重点完善政策与市场环境、保税区发展环境和贸易监管环境。

(一)政策与市场环境

1. 加快建立政府权力清单,激发市场和民间活力。按照国际化、法治化要求,政府应该积极建立与国际高标准投资和贸易规则体系相适应的行政管理体系,从注重事先审批转为注重事中、事后监管,切实减少监管过程中的行政干预。加快建立政府权力清单、服务清单、政府专项资金管理清单,建设政务服务网络,减少政府对资源的直接配制,以激发市场和民间活力。

2. 严格落实跨境电子商务企业税收政策。遵照财政部、海关总署、商务部的相关规定,政府应密切关注跨境电商企业商品出口退税实际情况,鼓励和支持国内中小企业通过跨境电商模式来探索国际市场业务,对于外贸企业在出口退税活动中出现的问题要积极有效快速地给予解决，对于那些符合条件的跨境电子商务出口商品要实行增值税和消费税免税退税等优惠政策，根据跨境电子商务特点，探索创新出口退税管理的新机制。

(二)保税区发展环境

1.完善基础设施。基础设施是综合保税区发展的基石，只有把基石打造牢固，才可以发展得更长久，因此政府应该加强在基础设施方面的建设和投资，注重交通网的系统化建设，实现多式联运，降低企业的交通运输成本。对保税区原有的通关服务中心、卡口、验货场地、监管仓库、隔离围网、巡逻通道和信息化系统等基础设施进行升级，提高通关效率。

先进和完善的物流配套设施不仅能使跨境电商保税仓物流企业的服务水平和效率更高，也能降低其他企业的成本，因此，在建设保税区时应当采购比较先进的配套设施，加强物流基础设施的建设。使铁路、公路和航空运输有机地结合在一起，打造便利的物流运输体系。

2.促进企业聚集。进一步吸引龙头企业、知名物流企业和服务企业入驻功能性贸易区；推动保税区跨境电商产业化区域集聚，形成区域产业集聚效应；完善保税区电商出口奖励政策，协调电商企业税务、租金等一系列支持政策，推动跨境电子商务在保税区内的快速发展，为跨境电商公司在保税区实现更好更快的发展提供了良好的政策环境。

3.加大对外开放力度。在保税区现有规划面积内划出专门区域作为贸易功能区，开展贸易、物流和流通性简单加工等业务。保税区实施贸易多元化是海关特殊监管区域转型升级发展的一项创新举措，也为园区全面推进国际贸易多元化和便利化、提升开放型经济水平带来重大机遇，不仅大大提升了贸易便利化和监管便利化水平，深化了海关特殊监管区域货物贸易外汇管理政策改革，而且将持续放大中新合作优势，增创综合竞争新优势，增强集聚辐射带动能力。保税区获批开展贸易多元化试点，国家应给予贸易功能区众多的优惠政策。

(三)贸易监管环境

1.密切关注区域间贸易协定，探讨对跨境电商的影响。要密切地关注国际上跨境电商优势国家的规则研究和制定，重点是商品质量、检验检疫的监管以及物流体系的建立、跨境电商售后服务的保障体系等,减少贸易保护主义所带来的不确定性风险,建立跨境电子商务国际合作机制,消除潜在的法律在不同司法管辖区的不确定性问题,为跨境电商的高速增长提供健康和可持续发展的贸易环境。

2.贸易监管的法治化建设。我们应该逐步探索跨境电子商务法律法规的建设,在这个摸索过程中要依照我们现有跨境电子商务行业的实际国情,完善现在行业中技术和信用体系的不足,给整个行业的发展创造相对宽松的法制环境,寻求法律上的保障。以我国现有的法律为基础,依照目前国际化、法治化的要求制定符合跨境电商企业发展的专门的法律法规,有利于我国跨境电子商务的健康快速发展。

二、完善支撑服务体系

跨境电商保税仓物流服务的主要支撑服务体系包括:出口信用体系、第三方支付体系、知识产权管理与保护体系、技术服务体系和人才培养体系。

(一)建立电子商务出口信用体系

坚决打击跨境电子商务中存在的商品质量问题和侵权问题,以及利用自身业务进行的商业欺诈行为,保障跨境电子商务的出口信用体系。

1.建立企业信用管理机制。完善跨境电子商务信用法制体系,制定详细的交易过程管理规范与信用奖惩实施细则,严厉处罚商业欺诈、侵犯知识产权和制售假冒伪劣产品等不诚信企业行为,完善企业信用评级制度。

2.建设信用信息平台。联合第三方信用机构、银行、工商、公安、税务、保险、海关等部门建立规范统一的信用信息数据库,构建中国全面的信用征信平台,不断丰富数据库,完善信用共享平台,实现信用分类管理,提高政府公共服务和市场监管水平。

(二)加快建设安全的第三方支付体系

1.优化第三方支付环境。完善跨境支付风险监管法律规范,加快推进跨境电子商务第三方支付管理办法的制定,从外汇业务经营资格、业务范围、外汇业务监督等方面制定严格的跨境支付业务准入标准,规范跨境支付服务市场。允许具有一定规模、风险可控的第三方支付企业开设跨境支付业务,提供中国跨境电子商务交易代理收结汇和结售汇服务。

2.实现第三方支付个人外汇管理。第三方支付在为个人提供外汇结算服务时，采取实名认证手段，确保客户身份的真实性，实时保存客户交易记录，建立健全中国跨境电子商务风险控制制度和内部监督制度。加强个人外汇结算账户管理政策的宣传力度，与央行实现联网，将个人交易记录传输至央行个人结售汇系统，确保数据的准确性与完整性，保证个人年度总额管理政策有效执行。

3.完善第三方支付监测体系。央行、商务、海关、工商及税务等部门需要形成监管机制，建立中国跨境资金应急预案，防止交易过程中出现资金漏洞。对第三方支付机构自身办理的金融业务进行进一步的监察，防止支付金融机构借助自身业务便利进行逃避结汇业务。外汇管理部门加强对第 H 方支付机构的监管，严格控制跨境资金流动，根据第三方支付机构资格认定其购付汇额度，并逐步开放电子支付渠道。

(三)建立知识产权管理与保护体系

1.提高知识产权保护意识，采取技术保护措施。相关部门结合跨境电子商务的特点，制定中国跨境电子商务相关知识产权保护法，缩小知识产权的地域性和国界性差异，积极参与知识产权国际保护规则的制定和修改。

2.建立知识产权保护服务机构。加强知识产权管理部门之间的协调，规范中国跨境电子商务交易环境，提供预警、咨询、审查服务，提高跨境电子商务企业知识产权管理与保护能力，对于侵权企业，知识产权服务机构对其进行整顿。

(四)建设开放式技术服务体系

1.以云技术、物联网和大数据等新兴信息技术为支撑。实施中国跨境电子商务协同工程，包括政府跨部门监管协同、以物流单证为核心的行业协同和以订单为核心的跨区域协同，并不断加强第三方服务平台技术架构的开放性、中立性、安全性，为跨境电子商务提供技术、安全、数据保障。

2.提高跨境电子商务信息的标准化和规范化。制定一整套中国跨境电子商务业务流程规则，构建有保证有服务的行业运行环境，构建跨境电子商务海关监管平台，建立跨境电子商务信息共享平台，构造跨境电子商务风险综合评估与预警平台，利用大数据技术定期对交易双方的跨境电子商务交易数据进行监控，保证跨境电子商务整个交易流程的支付、交易、信用安全和风险可控。

(五)建立以市场需求为导向的人才培养体系

1.加强跨境电商专业人才培养。政府应促进高校加大跨境电子商务专业人才的培养力度，设立跨境电商专项建设资金，引导有条件的高等院校开设跨境电商专业。政府有关部门应加大组织力度，加大对企业对员工开展跨境电商培训的扶持力度，构建跨境电商人才社会化培训体系。整合高校学者、跨境电商行业专家资源，打造专业的跨境电商师资团队。推动校企合作，开展跨境电商人才定制化培养。鼓励依托高校和企业资源，打造跨境电子商务在线学习公共平台。

2.加大发展和引进跨境电商人才力度。培育和引进国际领先的跨境电商领军人才及其创业团队，通过引进人才和项目，带动电商产业链的拓展和中小微企业的发展。鼓励国内的跨境电商人才采用柔性流动的方式从事跨境电商工作。有针对性地开展跨境电商企业对跨境电商人才的需求调研，跨境电商人才的组团和企业跨境电商运营项目对接等活动。

第二节　企业微观对策建议

跨境电商作为一个服务行业，要提供给顾客高质量、高标准的服务。针对跨境电商保税仓物流整体经营环境与服务质量现状，提出以下七点建议。

一、转变观念，树立顾客为中心的服务理念

美国杂志 *Magnus So Derlund* 曾刊登的“顾客满意与口碑相关曲线”的报道表明：企业的顾客服务水平一般时，顾客的感受也一般；一旦其服务质量提高或降低到一定的程度，顾客的赞誉或抱怨将呈现指数倍的增加。这就要求跨境电商保税仓物流服务始终要以顾客的满意为企业的目标重点。运用各种手段加强服务质量，以提高顾客的口碑和顾客对企业的忠诚度。

跨境电商保税仓物流服务质量越来越受到顾客的关注，然而从最终的评价结果来看，其离顾客的期望还有一定的距离，究其原因除了客观存在的各种

体制、市场环境影响外，跨境电商保税仓本身的经营观念在一定程度上也是决定其服务质量高低的重要因素。跨境电商保税仓作为一个新兴的行业，与其他行业一样面临着激烈的市场竞争。跨境电商保税仓物流的流程起于顾客的需要，终于顾客的满意。跨境电商保税仓物流服务的经营理念应该从“我能够提供什么服务”转向“顾客需要什么样的服务”。顾客对保税仓物流服务有着较高的要求，通常希望能够得到完美的服务，因此，跨境电商保税仓应从提高基本的物流服务水平开始，逐步展示出做好基本服务的能力，随后根据顾客需要适时向其提供增值服务。跨境电商保税仓应当明白只有以顾客为中心，将基本服务做好，才能赢得顾客的信任，从而获得顾客更复杂的供应链管理业务。

二、整合物流资源，完善综合性全程物流服务

我国跨境电商保税仓物流发展还处于起步阶段，大多数提供物流的企业都是在近些年从传统的运输或仓储等企业转制而来的。这部分企业多数是由一些小型的运输、仓储公司组成，总体上呈现出企业规模过小，运输能力、仓储配送能力、服务范围都有限，服务成本相对较高，规模效益难以实现的特点，最终表现为不能满足大的顾客企业的物流高需求，没有能力提供综合性全程的物流服务。

面临这样艰难的处境，做大做强跨境电商保税仓物流成为一种挑战与机遇。一些竞争力较强或市场规模较大的物流企业则看准这个时机通过收购或兼并等手段，不断扩大自身的业务经营范围和规模，借助合并和整合提高企业的全程综合物流服务能力；而一些规模小、服务能力有限的物流企业在市场竞争中面临着被吞并的境地，他们只有通过提供个性化或特色化的物流方案策略在市场中寻找自身的位置。另外，这种类型的物流企业也可以采用合资合作方式或联盟经营等方式，与国内外大型物流企业建立战略合作关系，充分利用各方的功能优势，为物流需求者提供高水平的综合性物流服务，抢占物流市场，使企业得以逐步壮大和发展。

为此，无论是规模大小还是服务能力高低，我国的跨境电商保税仓物流服务必须尽快地实施资源整合，实现物流服务能力的优化。目前物流需求方要

求物流服务商提供综合性的物流服务，实际上既是物流企业优化资源配置所追求的目标，也是物流企业优化资源配置的过程。资源整合就是要优化资源配置，如对物流服务资源的整合就是一个非常成功的案例，它将原有为顾客提供服务的货运企业、金融公司、咨询企业等进行整合，新组建了供应链管理方案事业部，该事业部的任务就是对相关企业在供应链管理上的服务资源进行整合，使顾客能够更方便地获得专业服务支持，形成了顾客“一站式”的综合物流管理服务模式。这样，该企业既留住了关键顾客，又增加了整个供应链上合作伙伴的收入。因此，硬件资源、信息等软件及资源客户资源的有效整合，使得物流服务全过程实现了最大程度的资源共享和优化配置，是提高物流服务的效率和水平的有效途径之一。

三、提高优化或创新的物流服务个性化方案设计能力

顾客对跨境电商保税仓的运输和仓储等需求是多种多样的，特别是一些中小型顾客，其物流需求可能更具有随机性和特殊性，而保税仓不能忽略这些潜在的客户群，应量身为这些顾客提供包括运输、仓储及附加服务在内的灵活的个性化物流服务，并不断给予优化和创新，重视这些潜在顾客并提高优化和创新的物流服务个性化方案设计能力，这也是体现跨境电商保税仓物流服务能力的重要因素，具有广阔的市场发展前景。

物流服务要从货物的处理，提升到货物的价值方案设计、解决和管理上，为客户提供创新的或优化的个性化服务，使物流服务提供者与顾客之间建立起良好的学习型合作伙伴关系，这会大大提高顾客的忠诚度，留住固定顾客。开展个性化服务，应该做好对顾客的分类，并选取不同类型的顾客进行项目制物流，提高物流企业提供多样化物流服务、增值服务的能力；并且对顾客不断变化的需求快速响应，提供多种解决方式，让顾客选择其中最为适合的方案。

因此，个性化的物流服务一方面要满足顾客的需要，另一方面也要考虑到企业自身的经济性和操作的合理性。企业应从这两方面综合考虑，进行网络设计、信息的处理、运输、搬运和包装等物流系统环节的再设计。此外，顾客所处的竞争环境不断变化，他们的经营策略也在不断调整中，而企业也很有必要对物流优化和个性化物流服务策略进行动态的调整。

四、制定科学的物流管理制度，提高物流服务管理的标准化程度

跨境电商保税仓要根据自己不同的服务对象和不同的服务领域，建立一整套科学的物流管理制度，明确企业在服务质量管理方面的各种操作规范和流程，确保物流各环节按照服务标准的要求执行到位。企业可以通过服务质量体系认证手段来提高企业的服务质量建设水平，不断创新自己的特色服务和优质服务。国内相关部门的认证和资质认定可以帮助企业赢得顾客的信任，获得更多的合作机会。

要取得这些资质并成为顾客的首选，企业应从组织、制度、人员以及技术上给予全力保障。

（一）组织的保障

为了达到物流管理工作的规范化、制度化，企业应建立起专门的组织机构，如以项目部形式具体负责物流服务的组织和管理，组织上实现程序化、规范化和制度化的管理，并且严格按照工作的流程规定来执行相关指令，做到分工明确，职责分明，确保项目的顺利实施。

（二）制度的保障

制度是规范组织行为的有效方法，企业必须制定各物流环节的管理制度，并着力提高物流服务的标准化程度，以保证物流服务的效率和水平。如企业不可或缺的安全操作规范、货物运输、存储、装卸等都应有相应的管理制度，还有对顾客投诉的反馈处理管理等制度。

（三）人员的保障

人员是一切工作开展的首要因素，组织、制度、技术等所有保障措施都要靠人来实现，因此，员工队伍的整体素质和服务质量规范执行效果如何是决定企业服务质量水平的关键要求，企业应根据实际情况，瞄准现代物流服务的高标准、高要求，着力提高员工素质，制定员工教育培训工作规划，加强员工物流管理服务的技能培训，提高员工质量意识，为物流服务的执行提供良好的人员保障。

（四）技术的保障

要加大信息技术的建设投入力度，改变传统的电话通信等单一落后的跟

踪方式，尽可能地运用先进的信息技术，如全球卫星跟踪系统，并全面提高信息系统和信息共享平台的建设水平。同时，企业还要加强对物流设备，如运输车辆及其他设备的定期检查、检修和保养，保证物流硬件设施的安全性和可靠性。

五、利用现代信息技术，提高物流服务效率和水平

信息化是衡量现代物流水平的重要标志，我国物流业信息化建设起步较晚，信息技术水平及应用能力等还远不及欧美以及日本等发达国家和地区。我国跨境电商保税仓物流服务的信息化程度不能满足客户日益提高的需求。因此，努力提高信息技术运用能力和完善信息化、网络化建设是今后跨境电商保税仓发展的重要内容。

一方面，要根据实际情况，建立有形网络和信息系统。企业可根据自身情况自建，也可考虑与合作伙伴共建。另一方面，积极推广和运用先进的信息技术。信息技术已经成为我国第三方物流企业发展的关键。跨境电商保税仓要积极发展和引进现代物流信息技术，以信息技术为支撑提高企业的物流服务能力水平。在信息技术建设上应该从三个信息系统的建设入手。首先，应引入车辆定位系统（GPS）和电子地图系统（GIS），利用全球移动通信系统（GSM）网络，通过车载移动信息智能终端实现对运输车辆的全程跟踪和监控，这样可以提高车辆的有效利用率并降低车辆的空载率，对车辆进行有效的控制并保障车辆安全，保证物流服务的安全性、可靠性和准时性。其次，除了建立 GPS 与 GIS 两个系统外，还应建立起完善的配送网络管理系统，实现运输管理、数据统计管理、计算机调度管理等，减少人工工作量，为物流调度提供相关的信息服务，强化各个环节部门间信息共享和协作，提高协同效率，从而提高物流企业整体效益。最后，还要建立物流信息的查询平台，能够实现网上实时货物的信息查询，顾客也可通过平台实时、透明地查询货物位置等信息，了解整个配送的过程，把握生产时间进度，合理地安排自己的生产计划。

六、持续降低物流服务成本，提高服务质量顾客感知水平

不断降低物流服务成本必须以保证同等或者更高水平的服务质量为前

提,如果是以牺牲服务质量为代价降低物流成本,则对物流企业来说是毫无必要的,反而会得不偿失。

跨境电商保税仓物流的服务质量和服务成本似乎是一对相反的关系,较高的服务质量可能要付出较高的服务成本,而高水平的服务质量也不可能在较低的物流费用之上获取。这需要把握实现两者之间适合于保税仓物流服务和顾客需要的最佳契合点。企业要不断地通过内部治理,调整物流操作方案,提高物流管理效率,降低服务运作成本,降低顾客在物流环节上的成本负担,提高顾客满意度。

只有将顾客当成是自己的合作伙伴,不断提高整个供应链的利润,才能使跨境电商保税仓和顾客合作向前发展。顾客才会将更多的物流需求提供给物流企业,实现双方的合作共赢,实现整个供应链竞争力的不断提升。

七、加强人员教育和技能培训,提高服务意识

对于物流行业来说,信息技术与物流设备是驱动物流服务行业发展的两大重要条件因素,但并不是具备了这些条件,物流的开展就能顺利完成。事实上物流操作是灵活性很强的工作,其中人扮演着最为重要的角色,因此,专业人员的能力素质也在很大程度上影响着物流服务的质量。跨境电商保税仓物流服务从业员工的专业素质源于其工作技能,还有经常被企业忽略的员工的理念以及工作态度。这些因素对于企业开拓新的顾客群,巩固和维护老客户至关重要。

因此,跨境电商保税仓应有计划地提高员工知识水平,不断强化员工素质建设,以形成其以顾客为中心的服务理念,以此提高服务水平,获得顾客的满意和信任,以及对物流企业的忠诚。只有这样物流企业才能取得较好的业绩,创造出自己的品牌形象,最终立足于市场。

参考文献

[1] Anonymous. Cadre technologies; bonded logistics selects a complete warehouse management system [J]. Computer Weekly News, 2008(10).

[2] Alexander S. Thinking with models: Mathematical models in the physical, biological, and social sciences[M]. Oxford: Pergamon Press, 2001:6-9.

[3] Anderson C. The long tail[J]. Wired Magazine, 2004(10):81-83.

[4] Barnes S. J., Vidgen R. T. An integrative approach to the assessment of e-commerce quality[J]. Journal of Electronic Commerce Research, 2012(3):114-127.

[5] Charles A. Weber J. R. C. Non-cooperative negotiation strategies for vendor selection[J]. European Journal of Operational Research, 1995(108):208-223.

[6] Chen Y., Wang M., Xu Y. The current situation and measures of cross-border e-commerce in cosmetics industry: Case study of company ABL [J]. Open Journal of Business and Management, 2018, 6(2).

[7] Chow B. L. China bonded warehouses used sparingly [J]. ICIS Chemical Business, 2011, 279(10).

[8] Dollar D., Wolff E. N. Competitiveness, convergence and international specialization[M]. Cambridge, MA: The MIT Press, 1993.

[9] David W. C. W., Choy K. L., Harry K. H. C., Lin C. Assessing a cross-border logistics policy using a performance measurement system

framework: The case of Hong Kong and the Pearl River Delta region [J]. International Journal of Systems Science, 2014, 45(6).

[10] Ellram L. M. Total cost of ownership: An analysis approach for purchasing [J]. International Journal of Physical Distribution & Logistics Management,2005(12):4-23.

[11] Feng Y., Zheng B., Tan J. Exploratory study of logistics service quality scale based on online shopping malls [J]. Journal of Zhejiang University Science A, 2007, 8(6).

[12] Gessener G. H., Snodgrass C. R. Designing e-commerce cross-border distribution networks for small and medium-size enterprises incorporating Canadian and U. S. trade incentive programs [J]. Research in Transportation Business & Management, 2015(16).

[13] Grossman E. J., Helpman E. The Noncompetitive theory of international trade and trade policy[J]. The World Bank Economic Review, 1989, 3(1):193-216.

[14] Grossman E. J., Maggi G. Diversity and trade[J]. American Economic Review,2000(90): 1255-1275.

[15] Hsiao Y., Chen M., Liao W. Logistics service design for cross-border e-commerce using Kansei engineering with text-mining-based online content analysis [J]. Telematics and Informatics, 2017,34(4).

[16] Kolesar M. B.,Galbraith R. W. A services-marketing perspective one-retailing: Implications for e-retailers and directions for further research [J]. Internet Research,2012(10):424-438.

[17] Kudlac S., Stclancova V.,Majer J. Using the Saaty method and the FMEA method for evaluation of constraints in logistics chain[J]. Procedia Engineering,2017(187).

[18] Loiacono E. T., Waston R. T., Goodhue D. L. Webqual: A measure of website quality[J]. Marketing Theory and Applications,2002(13): 432-438.

[19] Mentzer J. T. , Flint D. J. , Hult T. M. Logistics service quality as a segment-customized process[J]. Journal of Marketing, 2001,65(4):82-104.

[20] Parasuraman A. ,Zeithaml V. A. , Malhotra A. ES-QUAL: A multiple items cale for assessing electronic service quality[J]. Journal of Service Research,2015(26):213-233.

[21] Parveen M. , Rao T. V. V. L. N. An integrated approach to design and analysis of lean manufacturing system: A perspective of lean supply chain[J]. International Journal of Value Chain Management, 2009, 5 (2):175-208.

[22] Rong J. , Zhong D. Influence factors of customer satisfaction in cross-border e-commerce [J]. Journal of Discrete Mathematical Sciences and Cryptography, 2018, 21(6).

[23] Alkhatib S. F. , Darlington R. , Nguyen T. T. Logistics Service Providers (LSPs) evaluation and selection[J]. Strategic Outsourcing: An International Journal,2015,8(1).

[24] Sharma A. Trends in internet-based business-to-business marketing [J]. Industrial Marketing Management,2012(18):77-84.

[25]Weber C. A. , Current J. R. A multiobjective approach to vendor selection[J]. European Journal of Operational Research, 2003 (2): 173-184.

[26] Williamson O. E. Asset specificity and economic organization [J]. International Journal of Industrial Organization, 1985, 3(4):365-378.

[27] Williamson O. E. Market and hierarchies[M]. New York: Free Press, 1975.

[28] Yahya S. ,Kingsman B. Vendor rating for an entrepreneur development programme: A case study using the an alytic hierarchy process method [J]. Journal of the Operational Research Society,2010(10):916-930.

[29] Yang X. , Barland J. A microeconomic mechanism for economic growth

[J]. Journal of Political Economy, 1991, 199(3):460-482.

[30] Yoo B. ,Donthu N. Developing as caleto measure the perceived quality of an internet shopping site(SITEQUAL)[J]. Quarterly Journal of Electronic Commerce,2014(2):31-45.

[31] 毕小青,张东. 电子商务环境下的冷链物流质量评价体系研究 [J]. 价值工程, 2018(13):88-91.

[32] 蔡尚馨,陈蓉. 我国跨境进口保税备货模式优势及面对的问题与挑战 [J]. 对外经贸, 2017(10):43-45.

[33] 常松涛,罗晓利,田磊. 民机驾驶舱人因学综合评价方法述评 [J]. 物流工程与管理, 2018(1):145-148.

[34] 陈长英. 浙江省跨境电商人才需求分析及培养路径研究[J]. 中国商贸, 2015(2):184-187.

[35] 陈璐颖. B2C 跨境电商快递物流服务质量评价维度构成研究[D]. 广州:广东财经大学, 2016:27-35.

[36] 陈伟,王忠. 综合评价方法在临床科室医疗质量评价中的应用 [J]. 上海交通大学学报, 2013(7):1018-1023.

[37] 陈佑成. 我国零售企业 O2O 电子商务采纳行为实证研究[D]. 泉州:华侨大学, 2016:31-36.

[38] 程龙生. 服务质量评价理论与方法 [M]. 北京:中国标准出版社, 2011:2.

[39] 仇立. 基于模糊层次分析法的 B2C 模式下物流配送服务质量评价体系构建 [J]. 物流科技, 2017(6):6-8,11.

[40] 楚金华. 中小企业 BtoB 电子商务持续采纳影响因素研究[D]. 沈阳:辽宁大学, 2013:33-39.

[41] 杜栋,庞庆华. 现代综合评价方法与案例精选 [M]. 北京:清华大学出版社, 2005:9.

[42] 费良军,王锦辉,王光社,等. 基于改进熵权-G1-博弈论法的灌区运行状况综合评价 [J]. 排灌机械工程学报, 2015,33(8):89-900.

[43] 官培财,刘秀红. 基于 TQM 的零售商逆向营销渠道物流优化探析 [J].

商业经济研究，2018(17)：70-72.

[44] 管杰丁. B2C 电商物流服务质量的测量体系[J]. 时代金融，2015(3)：19，25.

[45] 郝延威. 跨境电商保税物流运营模式探索 [J]. 物流科技，2016(4)：128-130.

[46] 何江，钱慧敏. 跨境电商与跨境物流协同策略研究 [J]. 物流科技，2017(7)：1-6.

[47] 何云，田宇. 顾客导向的物流服务质量模型及应用 [J]. 物流技术，2004(2)：11-14.

[48] 黄斐，王佳. 中国网购中物流服务质量评价的实证研究[J]. 技术经济与管理研究，2011(10)：54-58.

[49] 季丹，郭政. 物流园区选址综合评价方法比较研究[J]. 兰州学刊，2009(7)：82-84.

[50] 李爱国，彭其渊，黄建宏. 第三方物流顾客感知质量评价模型与指标体系实证研究 [J]. 世界科技研究与发展，2007(3)：87-94.

[51] 李凤挺. 基于卡诺模型的物流服务质量评价影响因素分析 [J]. 物流技术，2007(12)：5-9.

[52] 李红，朱建平. 综合评价方法研究进展评述 [J]. 厦门大学学报，2012(16)：7-12.

[53] 李金龙. 义乌跨境电商保税物流平台的探索 [J]. 中国流通经济，2015(36)：30-34.

[54] 李明亮. 基于 QFD 的 B2C 电子商务服务质量评价研究[D]. 天津：河北工业大学，2012：68-71.

[55] 李晓萍，刘美璐，曹蕾. 基于模糊综合评价法的第三方物流服务质量评价研究 [J]. 江苏科技大学学报，2014(3)：86-95.

[56] 李旭东，安立仁. 跨境电商物流企业综合服务体系及其实证研究 [J]. 中国流通经济，2015(11)：49-57.

[57] 李旭东，王耀球. 跨境电商快递物流服务质量评价与实证研究——基于"一带一路"区域[J]. 技术经济与管理研究，2018(6)：3-9.

[58] 李毅斌，董千里，孙浩杰. 物流服务质量测评及管理研究评述 [J]. 物流技术，2012(4):14-18.

[59] 梁福山. 基于 AHP 和熵权法的税收收入质量评价——基于国税系统 2011 年数据的实证研究[J]. 税务与经济，2013(5):70-79.

[60] 刘朝阳，李秀敏. 交易成本的定义、分类与测量研究——基于 2004—2013 中国总量交易成本的经验证据 [J]. 经济问题探索，2017(6):8-15,58.

[61] 刘晋飞. 电子商务采纳与跨境电商企业成长——基于 760 家制造业跨境电商企业的实证研究 [J]. 中国流通经济，2018(1):93-101.

[62] 刘丽，张宁. 顾客感知价值、满意度与忠诚度的关系研究——电子商务环境下的实证分析[J]. 信息资源管理学报，2016(3):50-57,106.

[63] 刘茂长，鞠晓峰. 基于 TOE 模型的电子商务技术扩散影响因素研究 [J]. 信息系统学报，2012(2):13-30.

[64] 刘明菲，龚韵枝，杨勋. 基于顾客价值的物流服务质量体系研究 [J]. 武汉理工大学学报(信息与管理工程版)，2006(12):112-115.

[65] 刘奇超，施正文，杨左涛，等. 保税制度国际比较与中国关税法立法——兼论保税及保税制度的政策属性 [J]. 国际税收，2017(7):68-73.

[66] 刘田钰. B2C 模式下顾客感知价值对顾客重购意愿影响研究[D]. 兰州：兰州理工大学，2017:17-30.

[67] 罗燕兵. 体验视角下 C2C 电子商务物流服务质量评价研究[D]. 天津：天津理工大学，2018:45-63.

[68] 梅虎，林玲霞，马子程. 电商物流服务质量评价关键指标构建及分析 [J]. 物流技术，2015(11):85-88.

[69] 南建飞，刘志刚. 物流服务质量评价体系构建研究 [J]. 现代管理科学，2013(10):51-53.

[70] 潘意志. 海外仓建设与跨境电商物流新模式探索 [J]. 物流技术与应用，2015(9):130-133.

[71] 庞燕. 跨境电商环境下国际物流模式研究 [J]. 中国流通经济，2015(10):15-20.

[72] 彭红霞，徐贤浩，张予川. 基于 TOE 框架的企业采纳 RFID 决定性因素

研究 [J]. 技术经济与管理研究，2013(11):3-7.

[73] 王明宇，廖蓁. 我国跨境电商的主要问题和对策研究 [J]. 中国商贸，2014(33):76-78.

[74] 王书翠. 国外关于顾客感知服务质量的跨文化研究及启示 [J]. 现代管理科学，2010(3):49-51.

[75] 王伟. E 公司建设东南亚市场保税仓库项目可行性研究[D]. 南京:南京理工大学，2015.

[76] 王喜荣,余稳策. 跨境电商发展与传统对外贸易互动关系的实证分析 [J]. 经济与管理研究，2018(2):79-86.

[77] 韦福祥.顾客感知服务质量与顾客满意相关关系实证研究[J].天津商学院学报,2003(1):21-25.

[78] 吴理门,陶君成. 保税物流业态演进及其功能拓展研究 [J]. 物流技术，2013(3):35-37,50.

[79] 夏晶. 基于 TOE 框架的企业实施 XBRL 技术的影响因素研究[D]. 镇江:江苏科技大学，2017:35-43.

[80] 肖和英. 基于过程化的第三方物流企业服务质量评价指标体系研究 [J]. 物流技术，2018(5):54-59.

[81] 谢建华. 质量管理体系 ISO9001&TS6946 最新应用实务 [M]. 北京:中国经济出版社,2013:352.

[82] 许原. 国内外物流服务质量评价相关研究评述 [J]. 物流科技，2010(8):73-74.

[83] 杨娟. 我国跨境电商保税备货物流模式发展面临的困境与改善途径 [J]. 对外经贸实务，2018(5):89-92.

[84] 叶纯青. 电商界的“黑马”——跨境电商 [J]. 金融科技时代，2014(5):22-27.

[85] 尤彧聪,黄彩娥. “供给侧改革”视角下基于异构 MELITS 模型的异质性知识与跨境电子商务企业创新绩效的相关性实证研究 [J]. 电子商务，2017(10):40,96.

[86] 岳辉,钟学艳,叶怀珍. 第三方逆向物流企业的模糊评价研究 [J]. 软科

学，2005(5):39-43.

[87] 张林风. 跨境电商物流服务质量指标体系的构建研究 [J]. 管理科学与工程，2017(3):116-123.

[88] 张倩. C2C 电子商务下服务补救与顾客满意关系研究[D]. 成都:西南财经大学,2008:6-9.

[89] 张巍,张金成. 顾客感知服务设计质量及其评价体系研究[J]. 生产力研究，2004(12):189-191.

[90] 张文秀,王林,宋人杰,等. 基于云模型的配电网综合评价方法[J]. 计算机工程与设计,2018(7):2096-2101.

[91] 张夏恒. 跨境电商类型与运作模式 [J]. 中国流通经济，2017(1):76-83.

[92] 张夏恒,马天山. 中国跨境电商物流困境及对策建议 [J]. 当代经济管理，2015(5):51-55.

[93] 张燕,吴亮. 基于 TOE 架构的传统企业采纳 O2O 电子商务影响因素实证研究 [J]. 科学与管理，2018(1):22-31.

[94] 赵妮,于涛. 物流服务质量指标的构建及评价研究[J]. 物流技术,2012(19):140-143.

[95] 朱妮娜,吴莉. “一带一路”战略背景下我国跨境电商发展潜力及趋势分析 [J]. 改革与战略，2015(12):134-137.

[96] 邹鹏. 我国企业跨境电子商务采纳强度的研究[D]. 上海:华东政法大学，2016:41-47.

[97] 朱启松,朱慧婷. “互联网+”背景下跨境电商发展的 SWOT 分析——以重庆为例 [J]. 四川理工学院学报(社会科学版)，2016(5):73-82.

附录一　XX跨境电商保税仓物流服务质量评价定性指标调查表

<table>
<tr><th colspan="2" rowspan="2">评价指标</th><th colspan="7">评价等级(请在您选择的等级中打“✓”)</th></tr>
<tr><th>很不合理</th><th>不合理</th><th>不太合理</th><th>一般</th><th>较合理</th><th>合理</th><th>很合理</th></tr>
<tr><td rowspan="2">功能性</td><td>仓库服务多样性</td><td></td><td></td><td></td><td></td><td></td><td></td><td></td></tr>
<tr><td>仓库服务增值性</td><td></td><td></td><td></td><td></td><td></td><td></td><td></td></tr>
<tr><td rowspan="2">经济性</td><td>收费合理程度</td><td></td><td></td><td></td><td></td><td></td><td></td><td></td></tr>
<tr><td>收费增值效果</td><td></td><td></td><td></td><td></td><td></td><td></td><td></td></tr>
<tr><td rowspan="2">设施</td><td>信息系统</td><td></td><td></td><td></td><td></td><td></td><td></td><td></td></tr>
<tr><td>操作设备</td><td></td><td></td><td></td><td></td><td></td><td></td><td></td></tr>
<tr><td rowspan="2">方法</td><td>标准型作业流程</td><td></td><td></td><td></td><td></td><td></td><td></td><td></td></tr>
<tr><td>创新型作业流程</td><td></td><td></td><td></td><td></td><td></td><td></td><td></td></tr>
<tr><td rowspan="3">环境</td><td>制度架构</td><td></td><td></td><td></td><td></td><td></td><td></td><td></td></tr>
<tr><td>工作氛围</td><td></td><td></td><td></td><td></td><td></td><td></td><td></td></tr>
<tr><td>库区环境</td><td></td><td></td><td></td><td></td><td></td><td></td><td></td></tr>
</table>

附录二　CE 仓物流服务质量评价定性指标评分结果

评价指标		评分结果(g)			
		专家 A	专家 B	专家 C	专家 D
功能性	仓库服务多样性	6	8	9	8.5
	仓库服务增值性	8	8.5	7.5	10
经济性	收费合理程度	8.5	9	8	6
	收费增值效果	8	8	8	8
设施	信息系统	8	8.5	8.8	8
	操作设备	8.5	9	7	6.5
方法	标准型作业流程	8	7.5	7.5	6
	创新型作业流程	9	9	8.5	8
环境	制度架构	8	7.5	6.5	9
	工作氛围	10	6.5	7	8.5
	库区环境	8	9.5	8	7.5

附录三　XY仓物流服务质量评价定性指标评分结果

评价指标		评分结果(g)			
		专家A	专家B	专家C	专家D
功能性	仓库服务多样性	6	8	9	8.5
	仓库服务增值性	7.5	7	6.8	7
经济性	收费合理程度	6	6	6	6
	收费增值效果	8	7	7	8
设施	信息系统	8.5	9	8	6
	操作设备	7.5	6.5	7	7
方法	标准型作业流程	7	7	8	8
	创新型作业流程	7.5	6	9	7
环境	制度架构	7	6.5	8.6	6.8
	工作氛围	7.8	8.8	7.5	9
	库区环境	8.5	6.5	7	6

附录四　JL 仓物流服务质量评价定性指标评分结果

评价指标		评分结果(g)			
		专家 A	专家 B	专家 C	专家 D
功能性	仓库服务多样性	8.5	9	8	6
	仓库服务增值性	8	8.4	7.5	9
经济性	收费合理程度	6	6	6	6
	收费增值效果	8	7	7	8
设施	信息系统	6	8	9	8.5
	操作设备	7	7.2	6.8	8
方法	标准型作业流程	7	7.5	8	9
	创新型作业流程	8.1	8.2	7.3	8.1
环境	制度架构	8.5	8	8.6	8
	工作氛围	8.2	8.5	8.1	8
	库区环境	8.5	7.5	9	8.5

附录五　TS仓物流服务质量评价定性指标评分结果

评价指标		评分结果(g)			
		专家A	专家B	专家C	专家D
功能性	仓库服务多样性	8.5	6	8	9
	仓库服务增值性	6.5	7	6.8	7
经济性	收费合理程度	8	6.3	6.4	8
	收费增值效果	7	7	7	7
设施	信息系统	9	8	6	8.5
	操作设备	7.3	7	6.9	6.5
方法	标准型作业流程	7.5	7.2	7	7.8
	创新型作业流程	8	7.2	6.8	7
环境	制度架构	7	7.5	7.2	6.8
	工作氛围	7	6.8	7	6.5
	库区环境	8	7.5	8.3	7.9

附录六　跨境电商保税仓物流服务访谈调研提纲

1.简单介绍一下您所在的部门及负责的主要工作?

2.您如何看待跨境电商零售进口行业的发展?

3.您如何看待跨境电商保税进口模式的发展及保税仓的地位和作用?

4.在您看来,保税仓物流服务有什么样的特点,和普通电商仓储服务有什么区别?

5.您如何看待海关、国检对保税仓物流服务的影响?

6.简单介绍一下公司的概况,包括:主要业务、客户、库区面积、库容、员工规模。

7.简单介绍一下公司员工的学历结构、培训状况和员工流动率。

8.贵公司的信息化程度怎么样，主要使用哪些业务系统。

9.贵公司的工装设备主要有哪些(包括办公区和仓储区)?

10.贵公司“双十一”大促期间的活动单量大概有多少，日发货量多少，异常率多少，及影响发货数量和质量的主要因素有哪些？针对这些影响因素，您会做哪方面的工作调整？

附录七　中华人民共和国电子商务法

第一章　总　　则

第一条　为了保障电子商务各方主体的合法权益，规范电子商务行为，维护市场秩序，促进电子商务持续健康发展，制定本法。

第二条　中华人民共和国境内的电子商务活动，适用本法。

本法所称电子商务，是指通过互联网等信息网络销售商品或者提供服务的经营活动。

法律、行政法规对销售商品或者提供服务有规定的，适用其规定。金融类产品和服务，利用信息网络提供新闻信息、音视频节目、出版以及文化产品等内容方面的服务，不适用本法。

第三条　国家鼓励发展电子商务新业态，创新商业模式，促进电子商务技术研发和推广应用，推进电子商务诚信体系建设，营造有利于电子商务创新发展的市场环境，充分发挥电子商务在推动高质量发展、满足人民日益增长的美好生活需要、构建开放型经济方面的重要作用。

第四条　国家平等对待线上线下商务活动，促进线上线下融合发展，各级人民政府和有关部门不得采取歧视性的政策措施，不得滥用行政权力排除、限制市场竞争。

第五条　电子商务经营者从事经营活动，应当遵循自愿、平等、公平、诚信的原则，遵守法律和商业道德，公平参与市场竞争，履行消费者权益保护、环境保护、知识产权保护、网络安全与个人信息保护等方面的义务，承担产品和服务质量责任，接受政府和社会的监督。

第六条 国务院有关部门按照职责分工负责电子商务发展促进、监督管理等工作。县级以上地方各级人民政府可以根据本行政区域的实际情况，确定本行政区域内电子商务的部门职责划分。

第七条 国家建立符合电子商务特点的协同管理体系，推动形成有关部门、电子商务行业组织、电子商务经营者、消费者等共同参与的电子商务市场治理体系。

第八条 电子商务行业组织按照本组织章程开展行业自律，建立健全行业规范，推动行业诚信建设，监督、引导本行业经营者公平参与市场竞争。

第二章 电子商务经营者

第一节 一般规定

第九条 本法所称电子商务经营者，是指通过互联网等信息网络从事销售商品或者提供服务的经营活动的自然人、法人和非法人组织，包括电子商务平台经营者、平台内经营者以及通过自建网站、其他网络服务销售商品或者提供服务的电子商务经营者。

本法所称电子商务平台经营者，是指在电子商务中为交易双方或者多方提供网络经营场所、交易撮合、信息发布等服务，供交易双方或者多方独立开展交易活动的法人或者非法人组织。

本法所称平台内经营者，是指通过电子商务平台销售商品或者提供服务的电子商务经营者。

第十条 电子商务经营者应当依法办理市场主体登记。但是，个人销售自产农副产品、家庭手工业产品，个人利用自己的技能从事依法无须取得许可的便民劳务活动和零星小额交易活动，以及依照法律、行政法规不需要进行登记的除外。

第十一条 电子商务经营者应当依法履行纳税义务，并依法享受税收优惠。

依照前条规定不需要办理市场主体登记的电子商务经营者在首次纳税义

务发生后，应当依照税收征收管理法律、行政法规的规定申请办理税务登记，并如实申报纳税。

第十二条 电子商务经营者从事经营活动，依法需要取得相关行政许可的，应当依法取得行政许可。

第十三条 电子商务经营者销售的商品或者提供的服务应当符合保障人身、财产安全的要求和环境保护要求，不得销售或者提供法律、行政法规禁止交易的商品或者服务。

第十四条 电子商务经营者销售商品或者提供服务应当依法出具纸质发票或者电子发票等购货凭证或者服务单据。电子发票与纸质发票具有同等法律效力。

第十五条 电子商务经营者应当在其首页显著位置，持续公示营业执照信息、与其经营业务有关的行政许可信息、属于依照本法第十条规定的不需要办理市场主体登记情形等信息，或者上述信息的链接标识。

前款规定的信息发生变更的，电子商务经营者应当及时更新公示信息。

第十六条 电子商务经营者自行终止从事电子商务的，应当提前三十日在首页显著位置持续公示有关信息。

第十七条 电子商务经营者应当全面、真实、准确、及时地披露商品或者服务信息，保障消费者的知情权和选择权。电子商务经营者不得以虚构交易、编造用户评价等方式进行虚假或者引人误解的商业宣传，欺骗、误导消费者。

第十八条 电子商务经营者根据消费者的兴趣爱好、消费习惯等特征向其提供商品或者服务的搜索结果的，应当同时向该消费者提供不针对其个人特征的选项，尊重和平等保护消费者合法权益。

电子商务经营者向消费者发送广告的，应当遵守《中华人民共和国广告法》的有关规定。

第十九条 电子商务经营者搭售商品或者服务，应当以显著方式提请消费者注意，不得将搭售商品或者服务作为默认同意的选项。

第二十条 电子商务经营者应当按照承诺或者与消费者约定的方式、时限向消费者交付商品或者服务，并承担商品运输中的风险和责任。但是，消费者另行选择快递物流服务提供者的除外。

第二十一条 电子商务经营者按照约定向消费者收取押金的，应当明示押金退还的方式、程序，不得对押金退还设置不合理条件。消费者申请退还押金，符合押金退还条件的，电子商务经营者应当及时退还。

第二十二条 电子商务经营者因其技术优势、用户数量、对相关行业的控制能力以及其他经营者对该电子商务经营者在交易上的依赖程度等因素而具有市场支配地位的，不得滥用市场支配地位，排除、限制竞争。

第二十三条 电子商务经营者收集、使用其用户的个人信息，应当遵守法律、行政法规有关个人信息保护的规定。

第二十四条 电子商务经营者应当明示用户信息查询、更正、删除以及用户注销的方式、程序，不得对用户信息查询、更正、删除以及用户注销设置不合理条件。

电子商务经营者收到用户信息查询或者更正、删除的申请的，应当在核实身份后及时提供查询或者更正、删除用户信息。用户注销的，电子商务经营者应当立即删除该用户的信息；依照法律、行政法规的规定或者双方约定保存的，依照其规定。

第二十五条 有关主管部门依照法律、行政法规的规定要求电子商务经营者提供有关电子商务数据信息的，电子商务经营者应当提供。有关主管部门应当采取必要措施保护电子商务经营者提供的数据信息的安全，并对其中的个人信息、隐私和商业秘密严格保密，不得泄露、出售或者非法向他人提供。

第二十六条 电子商务经营者从事跨境电子商务，应当遵守进出口监督管理的法律、行政法规和国家有关规定。

第二节　电子商务平台经营者

第二十七条 电子商务平台经营者应当要求申请进入平台销售商品或者提供服务的经营者提交其身份、地址、联系方式、行政许可等真实信息，进行核验、登记，建立登记档案，并定期核验更新。

电子商务平台经营者为进入平台销售商品或者提供服务的非经营用户提供服务，应当遵守本节有关规定。

第二十八条 电子商务平台经营者应当按照规定向市场监督管理部门报

送平台内经营者的身份信息，提示未办理市场主体登记的经营者依法办理登记，并配合市场监督管理部门，针对电子商务的特点，为应当办理市场主体登记的经营者办理登记提供便利。

电子商务平台经营者应当依照税收征收管理法律、行政法规的规定，向税务部门报送平台内经营者的身份信息和与纳税有关的信息，并应当提示依照本法第十条规定不需要办理市场主体登记的电子商务经营者依照本法第十一条第二款的规定办理税务登记。

第二十九条 电子商务平台经营者发现平台内的商品或者服务信息存在违反本法第十二条、第十三条规定情形的，应当依法采取必要的处置措施，并向有关主管部门报告。

第三十条 电子商务平台经营者应当采取技术措施和其他必要措施保证其网络安全、稳定运行，防范网络违法犯罪活动，有效应对网络安全事件，保障电子商务交易安全。

电子商务平台经营者应当制定网络安全事件应急预案，发生网络安全事件时，应当立即启动应急预案，采取相应的补救措施，并向有关主管部门报告。

第三十一条 电子商务平台经营者应当记录、保存平台上发布的商品和服务信息、交易信息，并确保信息的完整性、保密性、可用性。商品和服务信息、交易信息保存时间自交易完成之日起不少于三年；法律、行政法规另有规定的，依照其规定。

第三十二条 电子商务平台经营者应当遵循公开、公平、公正的原则，制定平台服务协议和交易规则，明确进入和退出平台、商品和服务质量保障、消费者权益保护、个人信息保护等方面的权利和义务。

第三十三条 电子商务平台经营者应当在其首页显著位置持续公示平台服务协议和交易规则信息或者上述信息的链接标识，并保证经营者和消费者能够便利、完整地阅览和下载。

第三十四条 电子商务平台经营者修改平台服务协议和交易规则，应当在其首页显著位置公开征求意见，采取合理措施确保有关各方能够及时充分表达意见。修改内容应当至少在实施前七日予以公示。

平台内经营者不接受修改内容，要求退出平台的，电子商务平台经营者不得阻止，并按照修改前的服务协议和交易规则承担相关责任。

第三十五条 电子商务平台经营者不得利用服务协议、交易规则以及技术等手段，对平台内经营者在平台内的交易、交易价格以及与其他经营者的交易等进行不合理限制或者附加不合理条件，或者向平台内经营者收取不合理费用。

第三十六条 电子商务平台经营者依据平台服务协议和交易规则对平台内经营者违反法律、法规的行为实施警示、暂停或者终止服务等措施的，应当及时公示。

第三十七条 电子商务平台经营者在其平台上开展自营业务的，应当以显著方式区分标记自营业务和平台内经营者开展的业务，不得误导消费者。

电子商务平台经营者对其标记为自营的业务依法承担商品销售者或者服务提供者的民事责任。

第三十八条 电子商务平台经营者知道或者应当知道平台内经营者销售的商品或者提供的服务不符合保障人身、财产安全的要求，或者有其他侵害消费者合法权益行为，未采取必要措施的，依法与该平台内经营者承担连带责任。

对关系消费者生命健康的商品或者服务，电子商务平台经营者对平台内经营者的资质资格未尽到审核义务，或者对消费者未尽到安全保障义务，造成消费者损害的，依法承担相应的责任。

第三十九条 电子商务平台经营者应当建立健全信用评价制度，公示信用评价规则，为消费者提供对平台内销售的商品或者提供的服务进行评价的途径。

电子商务平台经营者不得删除消费者对其平台内销售的商品或者提供的服务的评价。

第四十条 电子商务平台经营者应当根据商品或者服务的价格、销量、信用等以多种方式向消费者显示商品或者服务的搜索结果；对于竞价排名的商品或者服务，应当显著标明“广告”。

第四十一条 电子商务平台经营者应当建立知识产权保护规则，与知识产权权利人加强合作，依法保护知识产权。

第四十二条　知识产权权利人认为其知识产权受到侵害的，有权通知电子商务平台经营者采取删除、屏蔽、断开链接、终止交易和服务等必要措施。通知应当包括构成侵权的初步证据。

电子商务平台经营者接到通知后，应当及时采取必要措施，并将该通知转送平台内经营者；未及时采取必要措施的，对损害的扩大部分与平台内经营者承担连带责任。

因通知错误造成平台内经营者损害的，依法承担民事责任。恶意发出错误通知，造成平台内经营者损失的，加倍承担赔偿责任。

第四十三条　平台内经营者接到转送的通知后，可以向电子商务平台经营者提交不存在侵权行为的声明。声明应当包括不存在侵权行为的初步证据。

电子商务平台经营者接到声明后，应当将该声明转送发出通知的知识产权权利人，并告知其可以向有关主管部门投诉或者向人民法院起诉。电子商务平台经营者在转送声明到达知识产权权利人后十五日内，未收到权利人已经投诉或者起诉通知的，应当及时终止所采取的措施。

第四十四条　电子商务平台经营者应当及时公示收到的本法第四十二条、第四十三条规定的通知、声明及处理结果。

第四十五条　电子商务平台经营者知道或者应当知道平台内经营者侵犯知识产权的，应当采取删除、屏蔽、断开链接、终止交易和服务等必要措施；未采取必要措施的，与侵权人承担连带责任。

第四十六条　除本法第九条第二款规定的服务外，电子商务平台经营者可以按照平台服务协议和交易规则，为经营者之间的电子商务提供仓储、物流、支付结算、交收等服务。电子商务平台经营者为经营者之间的电子商务提供服务，应当遵守法律、行政法规和国家有关规定，不得采取集中竞价、做市商等集中交易方式进行交易，不得进行标准化合约交易。

第三章　电子商务合同的订立与履行

第四十七条　电子商务当事人订立和履行合同，适用本章和《中华人民共和国民法总则》《中华人民共和国合同法》《中华人民共和国电子签名法》等法律的规定。

第四十八条 电子商务当事人使用自动信息系统订立或者履行合同的行为对使用该系统的当事人具有法律效力。

在电子商务中推定当事人具有相应的民事行为能力。但是,有相反证据足以推翻的除外。

第四十九条 电子商务经营者发布的商品或者服务信息符合要约条件的,用户选择该商品或者服务并提交订单成功,合同成立。当事人另有约定的,从其约定。

电子商务经营者不得以格式条款等方式约定消费者支付价款后合同不成立;格式条款等含有该内容的,其内容无效。

第五十条 电子商务经营者应当清晰、全面、明确地告知用户订立合同的步骤、注意事项、下载方法等事项,并保证用户能够便利、完整地阅览和下载。

电子商务经营者应当保证用户在提交订单前可以更正输入错误。

第五十一条 合同标的为交付商品并采用快递物流方式交付的,收货人签收时间为交付时间。合同标的为提供服务的,生成的电子凭证或者实物凭证中载明的时间为交付时间;前述凭证没有载明时间或者载明时间与实际提供服务时间不一致的,实际提供服务的时间为交付时间。

合同标的为采用在线传输方式交付的,合同标的进入对方当事人指定的特定系统并且能够检索识别的时间为交付时间。

合同当事人对交付方式、交付时间另有约定的,从其约定。

第五十二条 电子商务当事人可以约定采用快递物流方式交付商品。

快递物流服务提供者为电子商务提供快递物流服务,应当遵守法律、行政法规,并应当符合承诺的服务规范和时限。快递物流服务提供者在交付商品时,应当提示收货人当面查验;交由他人代收的,应当经收货人同意。

快递物流服务提供者应当按照规定使用环保包装材料,实现包装材料的减量化和再利用。

快递物流服务提供者在提供快递物流服务的同时,可以接受电子商务经营者的委托提供代收货款服务。

第五十三条　电子商务当事人可以约定采用电子支付方式支付价款。

电子支付服务提供者为电子商务提供电子支付服务，应当遵守国家规定，告知用户电子支付服务的功能、使用方法、注意事项、相关风险和收费标准等事项，不得附加不合理交易条件。电子支付服务提供者应当确保电子支付指令的完整性、一致性、可跟踪稽核和不可篡改。

电子支付服务提供者应当向用户免费提供对账服务以及最近三年的交易记录。

第五十四条　电子支付服务提供者提供电子支付服务不符合国家有关支付安全管理要求，造成用户损失的，应当承担赔偿责任。

第五十五条　用户在发出支付指令前，应当核对支付指令所包含的金额、收款人等完整信息。

支付指令发生错误的，电子支付服务提供者应当及时查找原因，并采取相关措施予以纠正。造成用户损失的，电子支付服务提供者应当承担赔偿责任，但能够证明支付错误非自身原因造成的除外。

第五十六条　电子支付服务提供者完成电子支付后，应当及时准确地向用户提供符合约定方式的确认支付的信息。

第五十七条　用户应当妥善保管交易密码、电子签名数据等安全工具。用户发现安全工具遗失、被盗用或者未经授权的支付的，应当及时通知电子支付服务提供者。

未经授权的支付造成的损失，由电子支付服务提供者承担；电子支付服务提供者能够证明未经授权的支付是因用户的过错造成的，不承担责任。

电子支付服务提供者发现支付指令未经授权，或者收到用户支付指令未经授权的通知时，应当立即采取措施防止损失扩大。电子支付服务提供者未及时采取措施导致损失扩大的，对损失扩大部分承担责任。

第四章　电子商务争议解决

第五十八条　国家鼓励电子商务平台经营者建立有利于电子商务发展和消费者权益保护的商品、服务质量担保机制。

电子商务平台经营者与平台内经营者协议设立消费者权益保证金的，双方应当就消费者权益保证金的提取数额、管理、使用和退还办法等做出明确约定。

消费者要求电子商务平台经营者承担先行赔偿责任以及电子商务平台经营者赔偿后向平台内经营者的追偿，适用《中华人民共和国消费者权益保护法》的有关规定。

第五十九条 电子商务经营者应当建立便捷、有效的投诉、举报机制，公开投诉、举报方式等信息，及时受理并处理投诉、举报。

第六十条 电子商务争议可以通过协商和解，请求消费者组织、行业协会或者其他依法成立的调解组织调解，向有关部门投诉，提请仲裁，或者提起诉讼等方式解决。

第六十一条 消费者在电子商务平台购买商品或者接受服务，与平台内经营者发生争议时，电子商务平台经营者应当积极协助消费者维护合法权益。

第六十二条 在电子商务争议处理中，电子商务经营者应当提供原始合同和交易记录。因电子商务经营者丢失、伪造、篡改、销毁、隐匿或者拒绝提供前述资料，致使人民法院、仲裁机构或者有关机关无法查明事实的，电子商务经营者应当承担相应的法律责任。

第六十三条 电子商务平台经营者可以建立争议在线解决机制，制定并公示争议解决规则，根据自愿原则，公平、公正地解决当事人的争议。

第五章　电子商务促进

第六十四条 国务院和省、自治区、直辖市人民政府应当将电子商务发展纳入国民经济和社会发展规划，制定科学合理的产业政策，促进电子商务创新发展。

第六十五条 国务院和县级以上地方人民政府及其有关部门应当采取措施，支持、推动绿色包装、仓储、运输，促进电子商务绿色发展。

第六十六条 国家推动电子商务基础设施和物流网络建设，完善电子商务统计制度，加强电子商务标准体系建设。

第六十七条 国家推动电子商务在国民经济各个领域的应用，支持电子商务与各产业融合发展。

第六十八条 国家促进农业生产、加工、流通等环节的互联网技术应用，鼓励各类社会资源加强合作，促进农村电子商务发展，发挥电子商务在精准扶贫中的作用。

第六十九条 国家维护电子商务交易安全，保护电子商务用户信息，鼓励电子商务数据开发应用，保障电子商务数据依法有序自由流动。

国家采取措施推动建立公共数据共享机制，促进电子商务经营者依法利用公共数据。

第七十条 国家支持依法设立的信用评价机构开展电子商务信用评价，向社会提供电子商务信用评价服务。

第七十一条 国家促进跨境电子商务发展，建立健全适应跨境电子商务特点的海关、税收、进出境检验检疫、支付结算等管理制度，提高跨境电子商务各环节便利化水平，支持跨境电子商务平台经营者等为跨境电子商务提供仓储物流、报关、报检等服务。

国家支持小型微型企业从事跨境电子商务。

第七十二条 国家进出口管理部门应当推进跨境电子商务海关申报、纳税、检验检疫等环节的综合服务和监管体系建设，优化监管流程，推动实现信息共享、监管互认、执法互助，提高跨境电子商务服务和监管效率。跨境电子商务经营者可以凭电子单证向国家进出口管理部门办理有关手续。

第七十三条 国家推动建立与不同国家、地区之间跨境电子商务的交流合作，参与电子商务国际规则的制定，促进电子签名、电子身份等国际互认。

国家推动建立与不同国家、地区之间的跨境电子商务争议解决机制。

第六章 法律责任

第七十四条 电子商务经营者销售商品或者提供服务，不履行合同义务或者履行合同义务不符合约定，或者造成他人损害的，依法承担民事责任。

第七十五条 电子商务经营者违反本法第十二条、第十三条规定，未取得相关行政许可从事经营活动，或者销售、提供法律、行政法规禁止交易的商品、服务，或者不履行本法第二十五条规定的信息提供义务，电子商务平台经营者违反本法第四十六条规定，采取集中交易方式进行交易，或者进行标准化合约交易的，依照有关法律、行政法规的规定处罚。

第七十六条 电子商务经营者违反本法规定，有下列行为之一的，由市场监督管理部门责令限期改正，可以处一万元以下的罚款，对其中的电子商务平台经营者，依照本法第八十一条第一款的规定处罚：

（一）未在首页显著位置公示营业执照信息、行政许可信息、属于不需要办理市场主体登记情形等信息，或者上述信息的链接标识的；

（二）未在首页显著位置持续公示终止电子商务的有关信息的；

（三）未明示用户信息查询、更正、删除以及用户注销的方式、程序，或者对用户信息查询、更正、删除以及用户注销设置不合理条件的。

电子商务平台经营者对违反前款规定的平台内经营者未采取必要措施的，由市场监督管理部门责令限期改正，可以处二万元以上十万元以下的罚款。

第七十七条 电子商务经营者违反本法第十八条第一款规定提供搜索结果，或者违反本法第十九条规定搭售商品、服务的，由市场监督管理部门责令限期改正，没收违法所得，可以并处五万元以上二十万元以下的罚款；情节严重的，并处二十万元以上五十万元以下的罚款。

第七十八条 电子商务经营者违反本法第二十一条规定，未向消费者明示押金退还的方式、程序，对押金退还设置不合理条件，或者不及时退还押金的，由有关主管部门责令限期改正，可以处五万元以上二十万元以下的罚款；情节严重的，处二十万元以上五十万元以下的罚款。

第七十九条 电子商务经营者违反法律、行政法规有关个人信息保护的规定，或者不履行本法第三十条和有关法律、行政法规规定的网络安全保障义务的，依照《中华人民共和国网络安全法》等法律、行政法规的规定处罚。

第八十条 电子商务平台经营者有下列行为之一的，由有关主管部门责令限期改正；逾期不改正的，处二万元以上十万元以下的罚款；情节严重的，责令停业整顿，并处十万元以上五十万元以下的罚款：

（一）不履行本法第二十七条规定的核验、登记义务的；

（二）不按照本法第二十八条规定向市场监督管理部门、税务部门报送有关信息的；

（三）不按照本法第二十九条规定对违法情形采取必要的处置措施，或者未向有关主管部门报告的；

（四）不履行本法第三十一条规定的商品和服务信息、交易信息保存义务的。

法律、行政法规对前款规定的违法行为的处罚另有规定的，依照其规定。

第八十一条　电子商务平台经营者违反本法规定，有下列行为之一的，由市场监督管理部门责令限期改正，可以处二万元以上十万元以下的罚款；情节严重的，处十万元以上五十万元以下的罚款：

（一）未在首页显著位置持续公示平台服务协议、交易规则信息或者上述信息的链接标识的；

（二）修改交易规则未在首页显著位置公开征求意见，未按照规定的时间提前公示修改内容，或者阻止平台内经营者退出的；

（三）未以显著方式区分标记自营业务和平台内经营者开展的业务的；

（四）未为消费者提供对平台内销售的商品或者提供的服务进行评价的途径，或者擅自删除消费者的评价的。

电子商务平台经营者违反本法第四十条规定，对竞价排名的商品或者服务未显著标明“广告”的，依照《中华人民共和国广告法》的规定处罚。

第八十二条　电子商务平台经营者违反本法第三十五条规定，对平台内经营者在平台内的交易、交易价格或者与其他经营者的交易等进行不合理限制或者附加不合理条件，或者向平台内经营者收取不合理费用的，由市场监督管理部门责令限期改正，可以处五万元以上五十万元以下的罚款；情节严重的，处五十万元以上二百万元以下的罚款。

第八十三条　电子商务平台经营者违反本法第三十八条规定，对平台内经营者侵害消费者合法权益行为未采取必要措施，或者对平台内经营者未尽到资质资格审核义务，或者对消费者未尽到安全保障义务的，由市场监督管理部门责令限期改正，可以处五万元以上五十万元以下的罚款；情节严重的，责令停业整顿，并处五十万元以上二百万元以下的罚款。

第八十四条 电子商务平台经营者违反本法第四十二条、第四十五条规定，对平台内经营者实施侵犯知识产权行为未依法采取必要措施的，由有关知识产权行政部门责令限期改正；逾期不改正的，处五万元以上五十万元以下的罚款；情节严重的，处五十万元以上二百万元以下的罚款。

第八十五条 电子商务经营者违反本法规定，销售的商品或者提供的服务不符合保障人身、财产安全的要求，实施虚假或者引人误解的商业宣传等不正当竞争行为，滥用市场支配地位，或者实施侵犯知识产权、侵害消费者权益等行为的，依照有关法律的规定处罚。

第八十六条 电子商务经营者有本法规定的违法行为的，依照有关法律、行政法规的规定记入信用档案，并予以公示。

第八十七条 依法负有电子商务监督管理职责的部门的工作人员，玩忽职守、滥用职权、徇私舞弊，或者泄露、出售或者非法向他人提供在履行职责中所知悉的个人信息、隐私和商业秘密的，依法追究法律责任。

第八十八条 违反本法规定，构成违反治安管理行为的，依法给予治安管理处罚；构成犯罪的，依法追究刑事责任。

第七章　附　　则

第八十九条 本法自 2019 年 1 月 1 日起施行。

附录八　国务院关于促进综合保税区高水平开放高质量发展的若干意见

国发〔2019〕3号

各省、自治区、直辖市人民政府，国务院各部委、各直属机构：

综合保税区是开放型经济的重要平台，对发展对外贸易、吸引外商投资、促进产业转型升级发挥着重要作用。为贯彻落实党中央、国务院关于推动形成全面开放新格局的决策部署，实行高水平的贸易和投资自由化便利化政策，以高水平开放推动高质量发展，将综合保税区建设成为新时代全面深化改革开放的新高地，现提出以下意见：

一、指导思想

以习近平新时代中国特色社会主义思想为指导，全面贯彻党的十九大和十九届二中、三中全会精神，统筹推进“五位一体”总体布局和协调推进“四个全面”战略布局，按照党中央、国务院决策部署，坚持稳中求进工作总基调，坚持新发展理念，坚持高质量发展，以供给侧结构性改革为主线，深入推进“放管服”改革，解放思想，创新发展，赋予综合保税区改革开放新使命，打造具有国际竞争力和创新力的海关特殊监管区域。

二、基本原则

（一）坚持深化改革，简政放权。进一步健全综合监管体系，持续改善营商环境和创新环境，有效降低市场运行成本，充分激发市场活力。

（二）坚持对标国际，开放引领。对标国际先进水平，注重要素整合和产业配套，深度融入国际产业链、价值链、供应链，更好地统筹利用国际国内两个市场、两种资源，培育和提升国际竞争新优势。

（三）坚持创新驱动，转型升级。推动综合保税区优化产业结构，支持和鼓励新技术、新产业、新业态、新模式发展。

（四）坚持质量第一，效益优先。适应经济新常态下发展新变化，尊重市场规律，因势利导，量质并举，充分发挥综合保税区辐射带动作用。

三、发展目标

对标高质量发展要求，完善政策，拓展功能，创新监管，培育综合保税区产业配套、营商环境等综合竞争新优势。加快综合保税区创新升级，打造对外开放新高地，推动综合保税区发展成为具有全球影响力和竞争力的加工制造中心、研发设计中心、物流分拨中心、检测维修中心、销售服务中心。

四、主要任务

（一）统筹两个市场，打造加工制造中心

1. 拓展两个市场。积极稳妥地在综合保税区推广增值税一般纳税人资格试点。（税务总局、财政部、海关总署负责，排在第一位的部门为牵头部门，下同）

2. 提前适用政策。自国务院批准设立综合保税区之日起，对入区企业进口自用的机器设备等，在确保海关有效监管的前提下，可按现行规定享受综合保税区税收政策。（海关总署、财政部、税务总局负责）

3. 释放企业产能。允许综合保税区内加工制造企业利用剩余产能承接境内区外委托加工。（海关总署、商务部负责）

4. 促进内销便利。将在综合保税区内生产制造的手机、汽车零部件等重点产品从自动进口许可证管理货物目录中剔除，便利企业内销。（商务部、海关总署负责）

5. 强化企业市场主体地位。简化海关业务核准手续，支持综合保税区内企业自主备案、合理自定核销周期、自主核报、自主补缴税款。（海关总署负责）

（二）推动创新创业，打造研发设计中心

6.促进研发创新。除禁止进境的外，综合保税区内企业从境外进口且在区内用于研发的货物、物品，免于提交许可证件，进口的消耗性材料根据实际研发耗用核销。（海关总署、商务部等有关部门负责）

7.建设创新高地。综合运用综合保税区政策功能优势，支持国家产业创新中心、国家技术创新中心、国家工程研究中心、新型研发机构等研发创新机构在综合保税区发展。（发展改革委、科技部、海关总署负责）

8.优化信用管理。综合保税区内新设的研发设计、加工制造企业，经评定符合有关标准的，直接赋予最高信用等级。（市场监管总局、海关总署负责）

9.支持医疗设备研发。综合保税区内企业进口的医疗器械用于研发、展示的，可不办理相关注册或备案手续。进入国内销售、使用的医疗器械，应当按照相关规定申请注册或办理备案。（药监局、海关总署负责）

（三）推进贸易便利化，打造物流分拨中心

10.简化进出区管理。允许对境内入区的不涉出口关税、不涉贸易管制证件、不要求退税且不纳入海关统计的货物、物品，实施便捷进出区管理模式。（海关总署负责）

11.便利货物流转。运用智能监管手段，创新监管模式，简化业务流程，实行数据自动比对、卡口自动核放，实现保税货物点对点直接流转，降低运行成本，提升监管效能。（海关总署负责）

12.试行汽车保税存储。允许在汽车整车进口口岸的综合保税区内开展进口汽车保税存储、展示等业务。（发展改革委、海关总署负责）

13.促进文物回流。优化文物及文化艺术品从境外入区监管模式，简化文化艺术品备案程序，实施文物进出境登记审核，促进文物及文化艺术品在综合保税区存储、展示等。（海关总署、文化和旅游部、文物局负责）

（四）延伸产业链条，打造检测维修中心

14.开展检测维修。允许综合保税区内企业开展高技术、高附加值、符合环保要求的保税检测和全球维修业务。支持第三方检验检测认证机构在综合保税区开展进出口检验认证服务。（商务部、工业和信息化部、生态环境部、海关总署负责）

15. 支持再制造业。允许综合保税区内企业开展高技术含量、高附加值的航空航天、工程机械、数控机床等再制造业务。(商务部、发展改革委、工业和信息化部、海关总署负责)

16. 创新监管模式。综合保税区内企业从境外进口已获批的人用疫苗或体外诊断试剂,允许在具备必要监管查验条件的综合保税区内查验。境外入区的食品,如需检测的,在抽样后即放行,对境外入区动植物产品的检验项目,实行"先入区、后检测",根据检测结果进行后续处置。(海关总署负责)

(五)培育新动能新优势,打造销售服务中心

17. 发展租赁业态。对注册在综合保税区内的融资租赁企业进出口飞机、船舶和海洋工程结构物等大型设备涉及跨关区的,在确保有效监管和执行现行相关税收政策的前提下,按物流实际需要,实行海关异地委托监管。(海关总署、财政部、税务总局负责)

18. 促进跨境电商发展。支持综合保税区内企业开展跨境电商进出口业务,逐步实现综合保税区全面适用跨境电商零售进口政策。(商务部、海关总署等有关部门负责)

19. 支持服务外包。允许综合保税区内企业进口专业设备开展软件测试、文化创意等国际服务外包业务,促进跨境服务贸易。(海关总署、财政部、商务部负责)

20. 支持期货交割。支持具备条件的综合保税区开展铁矿石、天然橡胶等商品期货保税交割业务。(海关总署、证监会负责)

21. 推广创新制度。经政策评估后,支持综合保税区率先全面复制推广自贸试验区中与海关特殊监管区域相关的改革试点经验。(海关总署、商务部等有关部门负责)

五、有关要求

各地区各有关部门要充分认识促进综合保税区高水平开放高质量发展、打造全面深化改革开放新高地的重要意义,切实强化组织领导,加强协同配合,积极推动本意见贯彻落实。

海关总署要继续做好牵头工作,进一步优化区域布局,发挥东部地区创新引领作用，促进中西部地区承接加工贸易产业转移，提高开放水平。要继续促进海关特殊监管区域整合提升，推动符合条件的各类型海关特殊监管区域优化为综合保税区。要加大统筹协调力度，会同有关部门建立完善促进综合保税区发展的部门协调机制。要深入推进“放管服”改革，简化综合保税区设立、整合的审核和验收程序，加强安全准入监管和事中事后监督。

国务院有关部门要增强大局意识，积极配合，全力支持，认真落实任务分工。支持综合保税区制度创新，率先全面复制推广自贸试验区相关改革试点经验，实行高水平的贸易和投资自由化便利化政策，积极营造一流的营商环境，进一步提高综合保税区发展质量，协同打造开放型经济新高地。

各省、自治区、直辖市人民政府作为综合保税区的申请设立、规划建设和运行管理主体，要切实落实主体责任，强化安全监管，加强管理，优化服务，促进综合保税区高水平开放高质量发展。

国务院

2019 年 1 月 12 日

附录九　六部门关于完善跨境电子商务零售进口监管有关工作的通知

商财发〔2018〕486号

为做好跨境电子商务零售进口（以下简称跨境电商零售进口）监管过渡期后政策衔接，促进跨境电商零售进口健康发展，经国务院同意，现将过渡期后有关监管安排通知如下：

一、本通知所称跨境电商零售进口，是指中国境内消费者通过跨境电商第三方平台经营者自境外购买商品，并通过“网购保税进口”（海关监管方式代码1210）或“直购进口”（海关监管方式代码9610）运递进境的消费行为。上述商品应符合以下条件：

（一）属于《跨境电子商务零售进口商品清单》内、限于个人自用并满足跨境电商零售进口税收政策规定的条件。

（二）通过与海关联网的电子商务交易平台交易，能够实现交易、支付、物流电子信息“三单”比对。

（三）未通过与海关联网的电子商务交易平台交易，但进出境快件运营人、邮政企业能够接受相关电商企业、支付企业的委托，承诺承担相应法律责任，向海关传输交易、支付等电子信息。

二、跨境电商零售进口主要包括以下参与主体：

（一）跨境电商零售进口经营者（以下简称跨境电商企业）：自境外向境内消费者销售跨境电商零售进口商品的境外注册企业，为商品的货权所有人。

（二）跨境电商第三方平台经营者（以下简称跨境电商平台）：在境内办理工商登记，为交易双方（消费者和跨境电商企业）提供网页空间、虚拟经营场所、交易规则、交易撮合、信息发布等服务，设立供交易双方独立开展交易活动的信息网络系统的经营者。

（三）境内服务商：在境内办理工商登记，接受跨境电商企业委托为其提供申报、支付、物流、仓储等服务，具有相应运营资质，直接向海关提供有关支付、物流和仓储信息，接受海关、市场监管等部门后续监管，承担相应责任的主体。

（四）消费者：跨境电商零售进口商品的境内购买人。

三、对跨境电商零售进口商品按个人自用进境物品监管，不执行有关商品首次进口许可批件、注册或备案要求。但对相关部门明令暂停进口的疫区商品，和对出现重大质量安全风险的商品启动风险应急处置时除外。

四、按照“政府部门、跨境电商企业、跨境电商平台、境内服务商、消费者各负其责”的原则，明确各方责任，实施有效监管。

（一）跨境电商企业

1. 承担商品质量安全的主体责任，并按规定履行相关义务。应委托一家在境内办理工商登记的企业，由其在海关办理注册登记，承担如实申报责任，依法接受相关部门监管，并承担民事连带责任。

2. 承担消费者权益保障责任，包括但不限于商品信息披露、提供商品退换货服务、建立不合格或缺陷商品召回制度、对商品质量侵害消费者权益的赔付责任等。当发现相关商品存在质量安全风险或发生质量安全问题时，应立即停止销售，召回已销售商品并妥善处理，防止其再次流入市场，并及时将召回和处理情况向海关等监管部门报告。

3. 履行对消费者的提醒告知义务，会同跨境电商平台在商品订购网页或其他醒目位置向消费者提供风险告知书，消费者确认同意后方可下单购买。告知书应至少包含以下内容：

（1）相关商品符合原产地有关质量、安全、卫生、环保、标识等标准或技术规范要求，但可能与我国标准存在差异。消费者自行承担相关风险。

（2）相关商品直接购自境外，可能无中文标签，消费者可通过网站查看商品中文电子标签。

（3）消费者购买的商品仅限个人自用，不得再次销售。

4. 建立商品质量安全风险防控机制，包括收发货质量管理、库内质量管控、供应商管理等。

5. 建立健全网购保税进口商品质量追溯体系，追溯信息应至少涵盖国外启运地至国内消费者的完整物流轨迹，鼓励向海外发货人、商品生产商等上游溯源。

6.向海关实时传输施加电子签名的跨境电商零售进口交易电子数据，可自行或委托代理人向海关申报清单，并承担相应责任。

（二）跨境电商平台

1.平台运营主体应在境内办理工商登记，并按相关规定在海关办理注册登记，接受相关部门监管，配合开展后续管理和执法工作。

2.向海关实时传输施加电子签名的跨境电商零售进口交易电子数据，并对交易真实性、消费者身份真实性进行审核，承担相应责任。

3.建立平台内交易规则、交易安全保障、消费者权益保护、不良信息处理等管理制度。对申请入驻平台的跨境电商企业进行主体身份真实性审核，在网站公示主体身份信息和消费者评价、投诉信息，并向监管部门提供平台入驻商家等信息。与申请入驻平台的跨境电商企业签署协议，就商品质量安全主体责任、消费者权益保障以及本通知其他相关要求等方面明确双方责任、权利和义务。

4.对平台入驻企业既有跨境电商企业，也有国内电商企业的，应建立相互独立的区块或频道为跨境电商企业和国内电商企业提供平台服务，或以明显标识对跨境电商零售进口商品和非跨境商品予以区分，避免误导消费者。

5.建立消费纠纷处理和消费维权自律制度，消费者在平台内购买商品，其合法权益受到损害时，平台须积极协助消费者维护自身合法权益，并履行先行赔付责任。

6.建立商品质量安全风险防控机制，在网站醒目位置及时发布商品风险监测信息、监管部门发布的预警信息等。督促跨境电商企业加强质量安全风险防控，当商品发生质量安全问题时，敦促跨境电商企业做好商品召回、处理，并做好报告工作。对不采取主动召回处理措施的跨境电商企业，可采取暂停其跨境电商业务的处罚措施。

7.建立防止跨境电商零售进口商品虚假交易及二次销售的风险控制体系，加强对短时间内同一购买人、同一支付账户、同一收货地址、同一收件电话反复大量订购，以及盗用他人身份进行订购等非正常交易行为的监控，采取相应措施予以控制。

8.根据监管部门要求，对平台内在售商品进行有效管理，及时关闭平台内禁止以跨境电商零售进口形式入境商品的展示及交易页面，并将有关情况报送相关部门。

（三）境内服务商

1.在境内办理工商登记，向海关提交相关资质证书并办理注册登记。其中：提供支付服务的银行机构应具备银保监会或原银监会颁发的《金融许可证》，非银行支付机构应具备人民银行颁发的《支付业务许可证》，支付业务范围应包括“互联网支付”；物流企业应取得国家邮政局颁发的《快递业务经营许可证》。

2.支付、物流企业应如实向监管部门实时传输施加电子签名的跨境电商零售进口支付、物流电子信息，并对数据真实性承担相应责任。

3.报关企业接受跨境电商企业委托向海关申报清单，承担如实申报责任。

4.物流企业应向海关开放物流实时跟踪信息共享接口，严格按照交易环节所制发的物流信息开展跨境电商零售进口商品的国内派送业务。对于发现国内实际派送与通关环节所申报物流信息（包括收件人和地址）不一致的，应终止相关派送业务，并及时向海关报告。

（四）消费者

1.为跨境电商零售进口商品税款的纳税义务人。跨境电商平台、物流企业或报关企业为税款代扣代缴义务人，向海关提供税款担保，并承担相应的补税义务及相关法律责任。

2.购买前应当认真、详细阅读电商网站上的风险告知书内容，结合自身风险承担能力做出判断，同意告知书内容后方可下单购买。

3.对于已购买的跨境电商零售进口商品，不得再次销售。

（五）政府部门

1.海关对跨境电商零售进口商品实施质量安全风险监测，在商品销售前按照法律法规实施必要的检疫，并视情发布风险警示。建立跨境电商零售进口商品重大质量安全风险应急处理机制，市场监管部门加大跨境电商零售进口商品召回监管力度，督促跨境电商企业和跨境电商平台消除已销售商品安全隐患，依法实施召回，海关责令相关企业对不合格或存在质量安全问题的商品采取风险消减措施，对尚未销售的按货物实施监管，并依法追究相关经营主体责任。对食品类跨境电商零售进口商品优化完善监管措施，做好质量安全风险防控。

2.原则上不允许网购保税进口商品在海关特殊监管区域外开展“网购保税＋线下自提”模式。

3.将跨境电商零售进口相关企业纳入海关信用管理，根据信用等级不同，实施差异化的通关管理措施。对认定为诚信企业的，依法实施通关便利；对认定为失信企业的，依法实施严格监管措施。将高级认证企业信息和失信企业信息共享至全国信用信息共享平台，通过“信用中国”网站和国家企业信用信息公示系统向社会公示，并依照有关规定实施联合激励与联合惩戒。

4.涉嫌走私或违反海关监管规定的跨境电商企业、平台、境内服务商，应配合海关调查，开放交易生产数据（ERP数据）或原始记录数据。

5.海关对违反本通知规定参与制造或传输虚假“三单”信息、为二次销售提供便利、未尽责审核订购人身份信息真实性等，导致出现个人身份信息或年度购买额度被盗用、进行二次销售及其他违反海关监管规定情况的企业依法进行处罚。对涉嫌走私或违规的，由海关依法处理；构成犯罪的，依法追究刑事责任。对利用其他公民身份信息非法从事跨境电商零售进口业务的，海关按走私违规处理，并按违法利用公民信息的有关法律规定移交相关部门处理。对不涉嫌走私违规、首次发现的，进行约谈或暂停业务责令整改；再次发现的，一定时期内不允许其从事跨境电商零售进口业务，并交由其他行业主管部门按规定实施查处。

6.对企业和个体工商户在国内市场销售的《跨境电子商务零售进口商品清单》范围内的、无合法进口证明或相关证明显示采购自跨境电商零售进口渠道的商品，市场监管部门依职责实施查处。

五、各试点城市人民政府（平潭综合实验区管委会）作为本地区跨境电商零售进口监管政策试点工作的责任主体，负责本地区试点工作的组织领导、实施推动、综合协调、监督管理及措施保障，确保本地区试点工作顺利推进。试点过程中的重大问题及情况请及时报商务部等有关部门。

六、本通知适用于北京、天津、上海、唐山、呼和浩特、沈阳、大连、长春、哈尔滨、南京、苏州、无锡、杭州、宁波、义乌、合肥、福州、厦门、南昌、青岛、威海、郑州、武汉、长沙、广州、深圳、珠海、东莞、南宁、海口、重庆、成都、贵阳、昆明、西安、兰州、平潭等37个城市（地区）的跨境电商零售进口业务，自2019年1月1日起执行。非试点城市的直购进口业务，参照本通知相关规定执行。

为帮助企业平稳过渡，对尚不满足通知监管要求的企业，允许其在2019年3月31日前继续按过渡期内监管安排执行。本通知适用范围以外且按规定享受跨境电商零售进口税收政策的，继续按《跨境电子商务零售进口商品清单（2018版）》尾注中的监管要求执行。

商务部 发展改革委 财政部

海关总署 税务总局 市场监管总局

2018年11月28日

附录十　国务院关于大力发展电子商务加快培育经济新动力的意见

国发〔2015〕24号

各省、自治区、直辖市人民政府，国务院各部委、各直属机构：

近年来我国电子商务发展迅猛，不仅创造了新的消费需求，引发了新的投资热潮，开辟了就业增收新渠道，为大众创业、万众创新提供了新空间，而且电子商务正加速与制造业融合，推动服务业转型升级，催生新兴业态，成为提供公共产品、公共服务的新力量，成为经济发展新的原动力。与此同时，电子商务发展面临管理方式不适应、诚信体系不健全、市场秩序不规范等问题，急需采取措施予以解决。当前，我国已进入全面建成小康社会的决定性阶段，为减少束缚电子商务发展的机制体制障碍，进一步发挥电子商务在培育经济新动力，打造“双引擎”、实现“双目标”等方面的重要作用，现提出以下意见：

一、指导思想、基本原则和主要目标

（一）指导思想。全面贯彻党的十八大和十八届二中、三中、四中全会精神，按照党中央、国务院决策部署，坚持依靠改革推动科学发展，主动适应和引领经济发展新常态，着力解决电子商务发展中的深层次矛盾和重大问题，大力推进政策创新、管理创新和服务创新，加快建立开放、规范、诚信、安全的电子商务发展环境，进一步激发电子商务创新动力、创造潜力、创业活力，加速推动经济结构战略性调整，实现经济提质增效升级。

（二）基本原则。一是积极推动。主动作为、支持发展。积极协调解决电子商务发展中的各种矛盾与问题。在政府资源开放、网络安全保障、投融资支持、基础设施和诚信体系建设等方面加大服务力度。推进电子商务企业税费合理化，减轻企业负担。进一步释放电子商务发展潜力，提升电子商务创新发展水平。二是逐步规范。简政放权、放管结合。法无禁止的市场主体即可为，法未授权的政府部门不能为，最大限度减少对电子商务市场的行政干预。在放宽市场准入的同时，要在发展中逐步规范市场秩序，营造公平竞争的创业发展环境，进一步激发社会创业活力，拓宽电子商务创新发展领域。三是加强引导。把握趋势、因势利导。加强对电子商务发展中前瞻性、苗头性、倾向性问题的研究，及时在商业模式创新、关键技术研发、国际市场开拓等方面加大对企业的支持引导力度，引领电子商务向打造"双引擎"、实现"双目标"发展，进一步增强企业的创新动力，加速电子商务创新发展步伐。

（三）主要目标。到2020年，统一开放、竞争有序、诚信守法、安全可靠的电子商务大市场基本建成。电子商务与其他产业深度融合，成为促进创业、稳定就业、改善民生服务的重要平台，对工业化、信息化、城镇化、农业现代化同步发展起到关键性作用。

二、营造宽松发展环境

（四）降低准入门槛。全面清理电子商务领域现有前置审批事项，无法律法规依据的一律取消，严禁违法设定行政许可、增加行政许可条件和程序。（国务院审改办，有关部门按职责分工分别负责）进一步简化注册资本登记，深入推进电子商务领域由"先证后照"改为"先照后证"改革。（工商总局、中央编办）落实《注册资本登记制度改革方案》，放宽电子商务市场主体住所（经营场所）登记条件，完善相关管理措施。（省级人民政府）推进对快递企业设立非法人快递末端网点实施备案制管理。（邮政局）简化境内电子商务企业海外上市审批流程，鼓励电子商务领域的跨境人民币直接投资。（发展改革委、商务部、外汇局、证监会、人民银行）放开外商投资电子商务业务的外方持股比例限制。（工业和信息化部、发展改革委、商务部）探索建立能源、铁路、公共事业等行业电子商务服务的市场化机制。（有关部门按职责分工分别负责）

（五）合理降税减负。从事电子商务活动的企业，经认定为高新技术企业的，依法享受高新技术企业相关优惠政策，小微企业依法享受税收优惠政策。（科技部、财政部、税务总局）加快推进"营改增"，逐步将旅游电子商务、生活服务类电子商务等相关行业纳入"营改增"范围。（财政部、税务总局）

（六）加大金融服务支持。建立健全适应电子商务发展的多元化、多渠道投融资机制。（有关部门按职责分工分别负责）研究鼓励符合条件的互联网企业在境内上市等相关政策。（证监会）支持商业银行、担保存货管理机构及电子商务企业开展无形资产、动产质押等多种形式的融资服务。鼓励商业银行、商业保理机构、电子商务企业开展供应链金融、商业保理服务，进一步拓展电子商务企业融资渠道。（人民银行、商务部）引导和推动创业投资基金，加大对电子商务初创企业的支持。（发展改革委）

（七）维护公平竞争。规范电子商务市场竞争行为，促进建立开放、公平、健康的电子商务市场竞争秩序。研究制定电子商务产品质量监督管理办法，探索建立风险监测、网上抽查、源头追溯、属地查处的电子商务产品质量监督机制，完善部门间、区域间监管信息共享和职能衔接机制。依法打击网络虚假宣传、生产销售假冒伪劣产品、违反国家出口管制法规政策跨境销售两用品和技术、不正当竞争等违法行为，组织开展电子商务产品质量提升行动，促进合法、诚信经营。（工商总局、质检总局、公安部、商务部按职责分工分别负责）重点查处达成垄断协议和滥用市场支配地位的问题，通过经营者集中反垄断审查，防止排除、限制市场竞争的行为。（发展改革委、工商总局、商务部）加强电子商务领域知识产权保护，研究进一步加大网络商业方法领域发明专利保护力度。（工业和信息化部、商务部、海关总署、工商总局、新闻出版广电总局、知识产权局等部门按职责分工分别负责）进一步加大政府利用电子商务平台进行采购的力度。（财政部）各级政府部门不得通过行政命令指定为电子商务提供公共服务的供应商，不得滥用行政权力排除、限制电子商务的竞争。（有关部门按职责分工分别负责）

三、促进就业创业

（八）鼓励电子商务领域就业创业。把发展电子商务促进就业纳入各地就业发展规划和电子商务发展整体规划。建立电子商务就业和社会保障指标统计制度。经工商登记注册的网络商户从业人员，同等享受各项就业创业扶持政策。未进行工商登记注册的网络商户从业人员，可认定为灵活就业人员，享受灵活就业人员扶持政策，其中在网络平台实名注册、稳定经营且信誉良好的网络商户创业者，可按规定享受小额担保贷款及贴息政策。支持中小微企业应用电子商务、拓展业务领域，鼓励有条件的地区建设电子商务创业园区，指导各类创业孵化基地为电子商务创业人员提供场地支持和创业孵化服务。加强电子商务企业用工服务，完善电子商务人才供求信息对接机制。（人力资源社会保障部、工业和信息化部、商务部、统计局，地方各级人民政府）

（九）加强人才培养培训。支持学校、企业及社会组织合作办学，探索实训式电子商务人才培养与培训机制。推进国家电子商务专业技术人才知识更新工程，指导各类培训机构增加电子商务技能培训项目，支持电子商务企业开展岗前培训、技能提升培训和高技能人才培训，加快培养电子商务领域的高素质专门人才和技术技能人才。参加职业培训和职业技能鉴定的人员，以及组织职工培训的电子商务企业，可按规定享受职业培训补贴和职业技能鉴定补贴政策。鼓励有条件的职业院校、社会培训机构和电子商务企业开展网络创业培训。（人力资源社会保障部、商务部、教育部、财政部）

（十）保障从业人员劳动权益。规范电子商务企业特别是网络商户劳动用工，经工商登记注册取得营业执照的，应与招用的劳动者依法签订劳动合同；未进行工商登记注册的，也可参照劳动合同法相关规定与劳动者签订民事协议，明确双方的权利、责任和义务。按规定将网络从业人员纳入各项社会保险，对未进行工商登记注册的网络商户，其从业人员可按灵活就业人员参保缴费办法参加社会保险。符合条件的就业困难人员和高校毕业生，可享受灵活就业人员社会保险补贴政策。长期雇用 5 人及以上的网络商户，可在工商注册地进行社会保险登记，参加企业职工的各项社会保险。满足统筹地区社会保险优惠政策条件的网络商户，可享受社会保险优惠政策。（人力资源社会保障部）

四、推动转型升级

（十一）创新服务民生方式。积极拓展信息消费新渠道，创新移动电子商务应用，支持面向城乡居民社区提供日常消费、家政服务、远程缴费、健康医疗等商业和综合服务的电子商务平台发展。加快推动传统媒体与新兴媒体深度融合，提升文化企业网络服务能力，支持文化产品电子商务平台发展，规范网络文化市场。支持教育、会展、咨询、广告、餐饮、娱乐等服务企业深化电子商务应用。(有关部门按职责分工分别负责)鼓励支持旅游景点、酒店等开展线上营销,规范发展在线旅游预订市场,推动旅游在线服务模式创新。(旅游局、工商总局)加快建立全国 12315 互联网平台,完善网上交易在线投诉及售后维权机制,研究制定 7 天无理由退货实施细则,促进网络购物消费健康快速发展。(工商总局)

(十二)推动传统商贸流通企业发展电子商务。鼓励有条件的大型零售企业开办网上商城,积极利用移动互联网、地理位置服务、大数据等信息技术提升流通效率和服务质量。支持中小零售企业与电子商务平台优势互补,加强服务资源整合,促进线上交易与线下交易融合互动。(商务部)推动各类专业市场建设网上市场,通过线上线下融合,加速向网络化市场转型,研究完善能源、化工、钢铁、林业等行业电子商务平台规范发展的相关措施。(有关部门按职责分工分别负责)制定完善互联网食品药品经营监督管理办法,规范食品、保健食品、药品、化妆品、医疗器械网络经营行为,加强互联网食品药品市场监测监管体系建设,推动医药电子商务发展。(食品药品监管总局、卫生计生委、商务部)

(十三)积极发展农村电子商务。加强互联网与农业农村融合发展,引入产业链、价值链、供应链等现代管理理念和方式,研究制定促进农村电子商务发展的意见,出台支持政策措施。(商务部、农业部)加强鲜活农产品标准体系、动植物检疫体系、安全追溯体系、质量保障与安全监管体系建设,大力发展农产品冷链基础设施。(质检总局、发展改革委、商务部、农业部、食品药品监管总局)开展电子商务进农村综合示范,推动信息进村入户,利用"万村千乡"市场网络改善农村地区电子商务服务环境。(商务部、农业部)建设地理标志产品技术标准体系和产品质量保证体系,支持利用电子商务平台宣传和销售地理标志产品,鼓励电子商务平台服务"一村一品",促进品牌农产品走出去。鼓励农业生产资料企业发展电子商务。(农业部、质检总局、工商总局)支持林业电子商务发展,逐步建立林产品交易诚信体系、林产品和林权交易服务体系。(林业局)

(十四)创新工业生产组织方式。支持生产制造企业深化物联网、云计算、大数据、三维(3D)设计及打印等信息技术在生产制造各环节的应用,建立与客户电子商务系统对接的网络制造管理系统,提高加工订单的响应速度及柔性制造能力;面向网络消费者个性化需求,建立网络化经营管理模式,发展“以销定产”及“个性化定制”生产方式。(工业和信息化部、科技部、商务部)鼓励电子商务企业大力开展品牌经营,优化配置研发、设计、生产、物流等优势资源,满足网络消费者需求。(商务部、工商总局、质检总局)鼓励创意服务,探索建立生产性创新服务平台,面向初创企业及创意群体提供设计、测试、生产、融资、运营等创新创业服务。(工业和信息化部、科技部)

(十五)推广金融服务新工具。建设完善移动金融安全可信公共服务平台,制定相关应用服务的政策措施,推动金融机构、电信运营商、银行卡清算机构、支付机构、电子商务企业等加强合作,实现移动金融在电子商务领域的规模化应用;推广应用具有硬件数字证书、采用国家密码行政主管部门规定算法的移动智能终端,保障移动电子商务交易的安全性和真实性;制定在线支付标准规范和制度,提升电子商务在线支付的安全性,满足电子商务交易及公共服务领域金融服务需求;鼓励商业银行与电子商务企业开展多元化金融服务合作,提升电子商务服务质量和效率。(人民银行、密码局、国家标准委)

(十六)规范网络化金融服务新产品。鼓励证券、保险、公募基金等企业和机构依法进行网络化创新,完善互联网保险产品审核和信息披露制度,探索建立适应互联网证券、保险、公募基金产品销售等互联网金融活动的新型监管方式。(人民银行、证监会、保监会)规范保险业电子商务平台建设,研究制定电子商务涉及的信用保证保险的相关扶持政策,鼓励发展小微企业信贷信用保险、个人消费履约保证保险等新业务,扩大信用保险保单融资范围。完善在线旅游服务企业投保办法。(保监会、银监会、旅游局按职责分工分别负责)

五、完善物流基础设施

(十七)支持物流配送终端及智慧物流平台建设。推动跨地区跨行业的智慧物流信息平台建设,鼓励在法律规定范围内发展共同配送等物流配送组织新模式。(交通运输部、商务部、邮政局、发展改革委)支持物流(快递)配送站、智能快件箱等物流设施建设,鼓励社区物业、村级信息服务站(点)、便利店等提供快件派送服务。支持快递服务网络向农村地区延伸。(地方各级人民政府,商务部、邮政局、农业部按职责分工分别负责)推进电子商务与物流快递协同发展。(财政部、商务部、邮政局)鼓励学校、快递企业、第三方主体因地制宜加强合作,通过设置智能快件箱或快件收发室、委托校园邮政局所代为投递、建立共同配送站点等方式,促进快递进校园。(地方各级人民政府,邮政局、商务部、教育部)根据执法需求,研究推动被监管人员生活物资电子商务和智能配送。(司法部)有条件的城市应将配套建设物流(快递)配送站、智能终端设施纳入城市社区发展规划,鼓励电子商务企业和物流(快递)企业对网络购物商品包装物进行回收和循环利用。(有关部门按职责分工分别负责)

(十八)规范物流配送车辆管理。各地区要按照有关规定,推动城市配送车辆的标准化、专业化发展;制定并实施城市配送用汽车、电动三轮车等车辆管理办法,强化城市配送运力需求管理,保障配送车辆的便利通行;鼓励采用清洁能源车辆开展物流(快递)配送业务,支持充电、加气等设施建设;合理规划物流(快递)配送车辆通行路线和货物装卸搬运地点。对物流(快递)配送车辆采取通行证管理的城市,应明确管理部门、公开准入条件、引入社会监督。(地方各级人民政府)

(十九)合理布局物流仓储设施。完善仓储建设标准体系,鼓励现代化仓储设施建设,加强偏远地区仓储设施建设。(住房城乡建设部、公安部、发展改革委、商务部、林业局)各地区要在城乡规划中合理规划布局物流仓储用地,在土地利用总体规划和年度供地计划中合理安排仓储建设用地,引导社会资本进行仓储设施投资建设或再利用,严禁擅自改变物流仓储用地性质。(地方各级人民政府)鼓励物流(快递)企业发展"仓配一体化"服务。(商务部、邮政局)

六、提升对外开放水平

(二十)加强电子商务国际合作。积极发起或参与多双边或区域关于电子商务规则的谈判和交流合作,研究建立我国与国际认可组织的互认机制,依托我国认证认可制度和体系,完善电子商务企业和商品的合格评定机制,提升国际组织和机构对我国电子商务企业和商品认证结果的认可程度,力争国际电子商务规制制定的主动权和跨境电子商务发展的话语权。(商务部、质检总局)

（二十一）提升跨境电子商务通关效率。积极推进跨境电子商务通关、检验检疫、结汇、缴进口税等关键环节“单一窗口”综合服务体系建设，简化与完善跨境电子商务货物返修与退运通关流程，提高通关效率。（海关总署、财政部、税务总局、质检总局、外汇局）探索建立跨境电子商务货物负面清单、风险监测制度，完善跨境电子商务货物通关与检验检疫监管模式，建立跨境电子商务及相关物流企业诚信分类管理制度，防止疫病疫情传入、外来有害生物入侵和物种资源流失。（海关总署、质检总局按职责分工分别负责）大力支持中国（杭州）跨境电子商务综合试验区先行先试，尽快形成可复制、可推广的经验，加快在全国范围推广。（商务部、发展改革委）

（二十二）推动电子商务走出去。抓紧研究制定促进跨境电子商务发展的指导意见。（商务部、发展改革委、海关总署、工业和信息化部、财政部、人民银行、税务总局、工商总局、质检总局、外汇局）鼓励国家政策性银行在业务范围内加大对电子商务企业境外投资并购的贷款支持，研究制定针对电子商务企业境外上市的规范管理政策。（人民银行、证监会、商务部、发展改革委、工业和信息化部）简化电子商务企业境外直接投资外汇登记手续，拓宽其境外直接投资外汇登记及变更登记业务办理渠道。（外汇局）支持电子商务企业建立海外营销渠道，创立自有品牌。各驻外机构应加大对电子商务企业走出去的服务力度。进一步开放面向港澳台地区的电子商务市场，推动设立海峡两岸电子商务经济合作实验区。鼓励发展面向“一带一路”沿线国家的电子商务合作，扩大跨境电子商务综合试点，建立政府、企业、专家等各个层面的对话机制，发起和主导电子商务多边合作。（有关部门按职责分工分别负责）

七、构筑安全保障防线

（二十三）保障电子商务网络安全。电子商务企业要按照国家信息安全等级保护管理规范和技术标准相关要求，采用安全可控的信息设备和网络安全产品，建设完善网络安全防护体系、数据资源安全管理体系和网络安全应急处置体系，鼓励电子商务企业获得信息安全管理体系认证，提高自身信息安全管理水平。鼓励电子商务企业加强与网络安全专业服务机构、相关管理部门的合作，共享网络安全威胁预警信息，消除网络安全隐患，共同防范网络攻击破

坏、窃取公民个人信息等违法犯罪活动。（公安部、国家认监委、工业和信息化部、密码局）

（二十四）确保电子商务交易安全。研究制定电子商务交易安全管理制度，明确电子商务交易各方的安全责任和义务。（工商总局、工业和信息化部、公安部）建立电子认证信任体系，促进电子认证机构数字证书交叉互认和数字证书应用的互联互通，推广数字证书在电子商务交易领域的应用。建立电子合同等电子交易凭证的规范管理机制，确保网络交易各方的合法权益。加强电子商务交易各方信息保护，保障电子商务消费者个人信息安全。（工业和信息化部、工商总局、密码局等有关部门按职责分工分别负责）

（二十五）预防和打击电子商务领域违法犯罪。电子商务企业要切实履行违禁品信息巡查清理、交易记录及日志留存、违法犯罪线索报告等责任和义务，加强对销售管制商品网络商户的资格审查和对异常交易、非法交易的监控，防范电子商务在线支付给违法犯罪活动提供洗钱等便利，并为打击网络违法犯罪提供技术支持。加强电子商务企业与相关管理部门的协作配合，建立跨机构合作机制，加大对制售假冒伪劣商品、网络盗窃、网络诈骗、网上非法交易等违法犯罪活动的打击力度。（公安部、工商总局、人民银行、银监会、工业和信息化部、商务部等有关部门按职责分工分别负责）

八、健全支撑体系

（二十六）健全法规标准体系。加快推进电子商务法立法进程，研究制定或适时修订相关法规，明确电子票据、电子合同、电子检验检疫报告和证书、各类电子交易凭证等的法律效力，作为处理相关业务的合法凭证。（有关部门按职责分工分别负责）制定适合电子商务特点的投诉管理制度，制定基于统一产品编码的电子商务交易产品质量信息发布规范，建立电子商务纠纷解决和产品质量担保责任机制。（工商总局、质检总局等部门按职责分工分别负责）逐步推行电子发票和电子会计档案，完善相关技术标准和规章制度。（税务总局、财政部、档案局、国家标准委）建立完善电子商务统计制度，扩大电子商务统计的覆盖面，增强统计的及时性、真实性。（统计局、商务部）统一线上线下的商品编码标识，完善电子商务标准规范体系，研究电子商务基础性关键标

准，积极主导和参与制定电子商务国际标准。（国家标准委、商务部）

（二十七）加强信用体系建设。建立健全电子商务信用信息管理制度，推动电子商务企业信用信息公开。推进人口、法人、商标和产品质量等信息资源向电子商务企业和信用服务机构开放，逐步降低查询及利用成本。（工商总局、商务部、公安部、质检总局等部门按职责分工分别负责）促进电子商务信用信息与社会其他领域相关信息的交换共享，推动电子商务信用评价，建立健全电子商务领域失信行为联合惩戒机制。（发展改革委、人民银行、工商总局、质检总局、商务部）推动电子商务领域应用网络身份证，完善网店实名制，鼓励发展社会化的电子商务网站可信认证服务。（公安部、工商总局、质检总局）发展电子商务可信交易保障公共服务，完善电子商务信用服务保障制度，推动信用调查、信用评估、信用担保等第三方信用服务和产品在电子商务中的推广应用。（工商总局、质检总局）

（二十八）强化科技与教育支撑。开展电子商务基础理论、发展规律研究。加强电子商务领域云计算、大数据、物联网、智能交易等核心关键技术研究开发。实施网络定制服务、网络平台服务、网络交易服务、网络贸易服务、网络交易保障服务技术研发与应用示范工程。强化产学研结合的企业技术中心、工程技术中心、重点实验室建设。鼓励企业组建产学研协同创新联盟。探索建立电子商务学科体系，引导高等院校加强电子商务学科建设和人才培养，为电子商务发展提供更多的高层次复合型专门人才。（科技部、教育部、发展改革委、商务部）建立预防网络诈骗、保障交易安全、保护个人信息等相关知识的宣传与服务机制。（公安部、工商总局、质检总局）

（二十九）协调推动区域电子商务发展。各地区要把电子商务列入经济与社会发展规划，按照国家有关区域发展规划和对外经贸合作战略，立足城市产业发展特点和优势，引导各类电子商务业态和功能聚集，推动电子商务产业统筹协调、错位发展。推动国家电子商务示范城市、示范基地建设。（有关地方人民政府）依托国家电子商务示范城市，加快开展电子商务法规政策创新和试点示范工作，为国家制定电子商务相关法规和政策提供实践依据。加强对中西部和东北地区电子商务示范城市的支持与指导。（发展改革委、财政部、商务部、人民银行、海关总署、税务总局、工商总局、质检总局等部门按照职责分

工分别负责）

各地区、各部门要认真落实本意见提出的各项任务，于2015年底前研究出台具体政策。发展改革委、中央网信办、商务部、工业和信息化部、财政部、人力资源社会保障部、人民银行、海关总署、税务总局、工商总局、质检总局等部门要完善电子商务跨部门协调工作机制，研究重大问题，加强指导和服务。有关社会机构要充分发挥自身监督作用，推动行业自律和服务创新。相关部门、社团组织及企业要解放思想，转变观念，密切协作，开拓创新，共同推动建立规范有序、社会共治、辐射全球的电子商务大市场，促进经济平稳健康发展。

国务院

2015年5月4日

后　记

中国跨境电商的发展是我们近年来一直关注和研究的内容。为了更好地研究和探索跨境电商发展的规律，针对我国跨境电商发展的新形势、新特点、新任务提出有预见性的对策建议，我们围绕整个跨境电商供应链上的重要节点——保税仓的物流服务质量问题——开展研究，形成了一系列研究成果。此书就是这些研究的主要成果。

此书稿能够顺利完成，不仅是作者们互相协作、积极沟通、共同努力的结果，更是团队精诚合作的结晶。全书由孙琪负责主题、研究框架、写作思路的设计及最后统稿。具体写作分工安排如下：孙琪负责第一章、第三章、第四章的撰写工作；王钰祥负责第二章、第五章的撰写工作；孙靖负责第六章、第七章的撰写工作。撰写过程中，我们得到了浙江万里学院商学院领导和老师们的支持与帮助，在这里要衷心感谢浙江万里学院闫国庆教授、孟祥霞教授、刘美玲副教授、梁果博士，他们在本书构思、撰稿、统稿等过程中给予了热心指导和无私帮助，并提出了许多珍贵的建议。浙江万里学院硕士生马洁芸同学参加了本书案例收集、资料归总和部分文字修改等工作。本科生管婷婷、金欣宇、陈美琪、葛佳怡、卢宇航等同学也参与了本书部分资料整理工作，借此机会也表达对他们的感谢。

在本书撰写过程中，我们参考了大量的国内外文献资料，吸收了许多专家学者的研究成果，在此谨向他们表示由衷的敬意和谢意。

本书在编辑出版过程中，得到浙江大学出版社吴伟伟老师的大力支持，在书稿的校对、编辑、出版上给予了很大的帮助，提出了许多宝贵的意见，为本书顺利出版付出了辛勤劳动，在此表达诚挚的感谢。

中国跨境电商的发展一日千里，保税仓物流服务质量研究所包含的内容较多、涉及范围也较广。一直到本书出版之际，我们仍感到尚有许多问题研究得不够透彻，书中的部分内容仍不尽如人意。我们真诚地欢迎广大同行、读者不吝赐教。应该说，本书只是一个开端，我们要在今后的工作和学习中继续深入研究下去，使研究成果不断完善，在适当时候，根据跨境电商发展的需要和读者的建议，争取在本书再版时能够有新的突破。

作　者

2019 年 2 月

图书在版编目(CIP)数据

中国跨境电商保税仓物流服务质量研究 / 孙琪等著. —杭州:浙江大学出版社,2019.6(2021.4 重印)
ISBN 978-7-308-19262-0

Ⅰ.①中… Ⅱ.①孙… Ⅲ.①电子商务—国际物流—物流管理—研究 Ⅳ.①F713.365.1

中国版本图书馆 CIP 数据核字(2019)第 126163 号

中国跨境电商保税仓物流服务质量研究

孙 琪 等著

责任编辑 吴伟伟 weiweiwu@zju.edu.cn
责任校对 杨利军 陈逸行
封面设计 雷建军
出版发行 浙江大学出版社
(杭州市天目山路 148 号 邮政编码 310007)
(网址:http://www.zjupress.com)
排 版 浙江时代出版服务有限公司
印 刷 广东虎彩云印刷有限公司绍兴分公司
开 本 710mm×1000mm 1/16
印 张 13.5
字 数 214 千
版 印 次 2019 年 6 月第 1 版 2021 年 4 月第 4 次印刷
书 号 ISBN 978-7-308-19262-0
定 价 58.00 元

浙江大学出版社市场运营中心联系方式 (0571)88925591;http://zjdxcbs.tmall.com